MARIE
CURIE

WEGBEREITERIN, NOBELPREISTRÄGERIN, ENTDECKERIN DER
RADIOAKTIVITÄT

RICHARD GUNDERMAN

LANGENMÜLLER

© 2020 Langen Müller Verlag GmbH, München

Text © Richard Gunderman 2020
Design © Welbeck Non-Fiction Limited 2020

Published in 2020 by Welbeck
an Imprint of Welbeck Non-Fiction limited,
part of the Welbeck Publishing Group
Titel der Originalausgabe: *Marie Curie, The Pioneer,
the Nobel Laureate, the Discoverer of Radioactivity*
ISBN der Originalausgabe: 978-0-23300-617-8

Alle Rechte vorbehalten
ISBN: 978-3-7844-3563-3
Übersetzung: Larissa Raabe, München
Redaktion: Daniela Wilhelm-Bernstein
Satz: VerlagsService Dietmar Schmitz GmbH, Kirchheim-Heimstetten

Printed in Dubai

www.langen-mueller-verlag.de

INHALTSVERZEICHNIS

VORBEMERKUNG UND DANKSAGUNG

Die Geschichte Marie Curies, einer der bedeutendsten Wissenschaftlerinnen, die die Welt je gesehen hat, bewegt sich zwischen extremen Gegensätzen: Von engstirniger Tradition zu einem neuen Zeitalter für Frauen in Bildung und Wissenschaft, von Diskriminierung und Ausschluss zu Macht und Einfluss, von der Bedeutungslosigkeit in Polen nach Paris, in eines der wichtigsten Zentren der Wissenschaft und schließlich zu weltweitem Ruhm. Und von tiefer Verzweiflung zu Liebe und wieder zurück. Zugleich ist sie auch die Geschichte einer der großen Wissenschaftsdynastien weltweit.

Meiner Überzeugung nach werden Verstand, Charakter und Vorstellungskraft eines Menschen weniger durch Vorträge geformt, sondern vielmehr durch Beispiele. Vermutlich werden weder ich noch meine Leser je die Höhen von Marie Curie erreichen, aber durch die Geschichte ihres Lebens, wird uns bewusst, was es bedeutet, unermüdlich zu arbeiten, um ein Ziel zu erreichen und auch bei schweren Verlusten beharrlich weiterzumachen. Und vor allen Dingen: von Großem zu träumen.

Für ihre Geduld und Ermutigung in der Zeit, als ich an diesem Projekt arbeitete, danke ich meiner Frau Laura und unseren Kindern: Rebecca, Peter, David und John. Zahlreiche Kollegen am Wabash College, an der University von Chicago und der Indiana University und viele Freunde haben mir geholfen, meine Gedanken wachsen zu lassen und ordnen zu können. Denn, wie mir Curies Geschichte gezeigt hat, ist nicht nur wichtig, woran wir arbeiten, sondern auch mit wem.

Pierre und Marie Curie im Labor

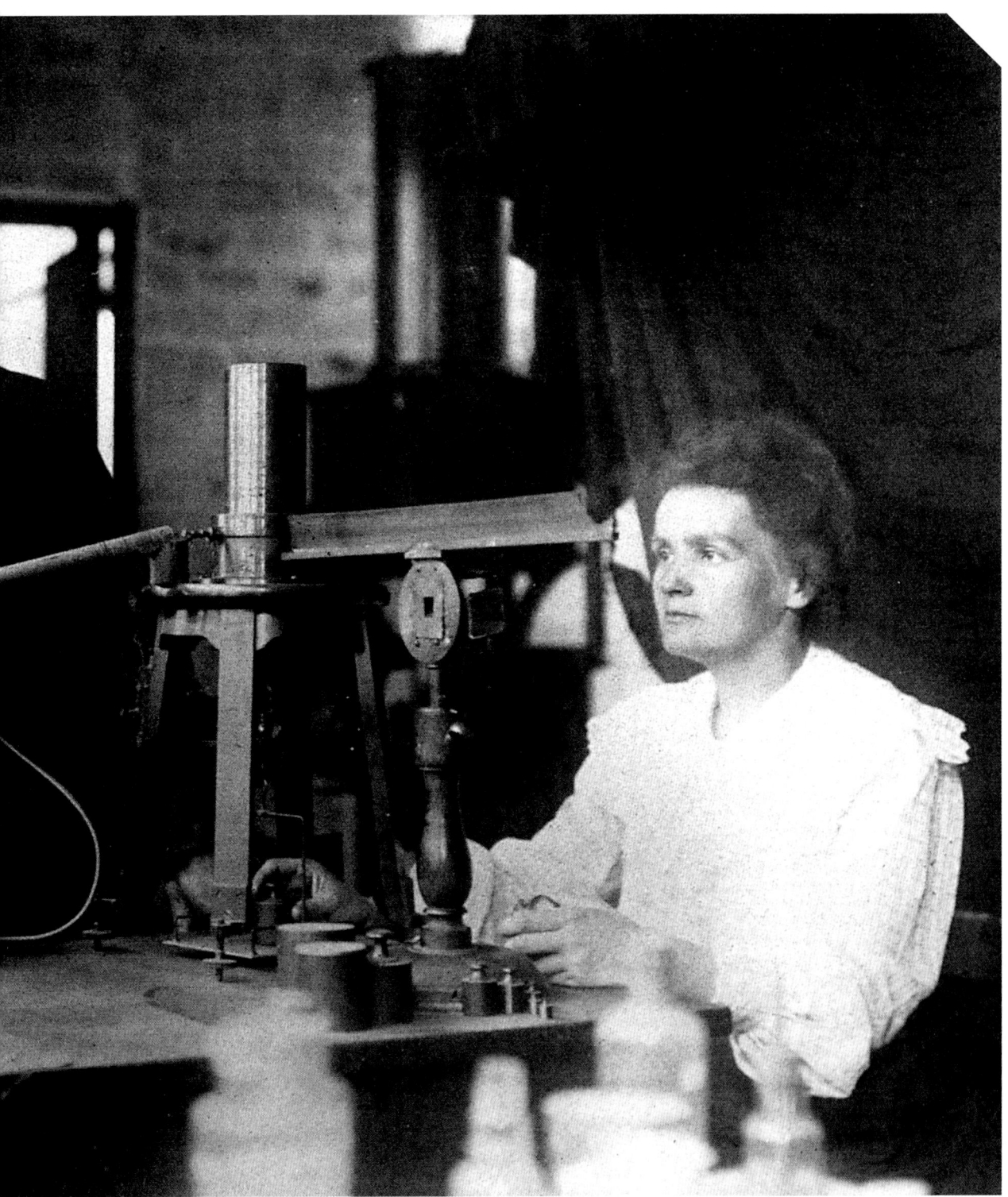

DIE NATURWISSENSCHAFTEN BIS ZUM 19. JAHRHUNDERT

DAS 19. JAHRHUNDERT, IN DEM MARIE CURIE ZUR WELT KAM, WAR FÜR DIE WISSENSCHAFT VON GROSSER BEDEUTUNG. DAS BEMERKENSWERTESTE WAR VIELLEICHT, DASS DER BEGRIFF »NATURPHILOSOPHIE«, DER IN DEN VORIGEN JAHRHUNDERTEN GENERELL FÜR JEGLICHE ART FORSCHUNG VERWENDET WORDEN WAR, WEITGEHEND DURCH DEN BEGRIFF »NATURWISSENSCHAFT« ERSETZT WURDE. DIE MENSCHEN, DIE FORSCHTEN, NANNTE MAN NUN »WISSENSCHAFTLER«.

Erst wenn einem klar ist, welche Umwälzungen sich in den Jahrhunderten zuvor ereignet hatten, kann man erfassen, welch rasante Veränderungen sich im 19. Jahrhundert im wissenschaftlichen Weltbild vollzogen.

In der Physik bewies Nikolaus Kopernikus (1473–1543), dass im Mittelpunkt des Sonnensystems nicht etwa die Erde, sondern die Sonne steht. Johannes Kepler (1571–1630) wies nach, dass sich die Planeten in elliptischen Bahnen um die Sonne bewegen. Neben seinen astronomischen Beobachtungen trieb Galileo Galilei (1564–1642) das Experimentieren als zentralen Bestandteil der wissenschaftlichen Methodik voran. Isaac Newton (1643–1727) steuerte die Newtonschen Gesetze und das Gravitationsgesetz bei und erklärte als Erster, welche bedeutende Rolle die Mathematik spielt, wenn man die Welt begreifen will.

Die Alchemie hatte sich bisher damit beschäftigt, Metalle in Edelmetalle zu verwandeln, ein Elixier für die Unsterblichkeit und den Stein der Weisen zu suchen. Nun entwickelte sich daraus mithilfe von Robert Boyle (1627–1692) die Chemie, die danach strebte, Eigenschaften und Struktur unterschiedlicher Arten von Materie zu bestimmen, die wir heute als die chemischen Elemente kennen. Antoine Lavoisier (1743–1794), der auf der Guillotine starb, begründete die moderne Chemie und gab den Elementen Wasserstoff und Sauerstoff ihre Namen.

In der Biologie und der Medizin begründete Andreas Vesalius (1514–1564) ein neues Zeitalter der anatomischen Studien und ermunterte seine Schüler, eigene Sektionen durchzuführen. William Harvey (1578–1657) wies den Blutkreislauf nach. Die Einführung des Mikroskops ermöglichte es Robert Hooke (1635–1703), Zellen als grundlegende Einheit jedes lebendigen Organismus zu identifizieren. Daraufhin entdeckte man Einzeller, wie zum Beispiel Bakterien, als auch Mehrzeller wie den Menschen, der aus etwa 50 Billionen Zellen besteht.

Sir Isaac Newton (1689, von Godfrey Kneller)

DIE NATURWISSENSCHAFTEN IM 19. JAHRHUNDERT

IM 19. JAHRHUNDERT GELANGTE DIE WISSENSCHAFT ZU EINER AUSSERORDENTLICHEN BLÜTE. IN DER MATHEMATIK LIEFERTE CARL GAUSS (1777–1855), EINER DER GRÖSSTEN MATHEMATIKER ALLER ZEITEN, BAHNBRECHENDE BEITRÄGE IN DER ALGEBRA, DER ZAHLENTHEORIE UND DER NICHTEUKLIDISCHEN GEOMETRIE. SPÄTER SOLLTEN SIE ZU EINER WICHTIGEN GRUNDLAGE FÜR DIE ENTWICKLUNG VON EINSTEINS RELATIVITÄTSTHEORIE WERDEN.

James Maxwell

George Boole (1815–1864) entwickelte eine Herangehensweise an Algebra und Logik, bei der man nur die Operatoren »und«, »oder« und »nicht« benötigte, was später der Informatik den Weg ebnete. In der Physik bahnten Studien über geladene Teilchen von Michael Faraday (1791–1867) und James Maxwell (1831–1879) dem neuen Forschungsbereich Elektromagnetismus den Weg. Von Maxwell stammen auch grundlegende Beiträge zur Erforschung von Hitze und deren Übertragung, ein Fachbereich, der später als Thermodynamik bekannt wurde. Heinrich Hertz (1857–1894) entdeckte die elektromagnetischen Wellen, die Grundlage für die Entwicklung von Radio und Fernsehen. Er entdeckte auch, dass kurzwelliges Licht, wenn es auf bestimmte Substanzen trifft, Elektronen herausschlägt: der photoelektrische Effekt.

In der Chemie baute Dmitri Mendelejew (1834–1907) auf die Untersuchungen zur Atomtheorie von John Dalton (1766–1844) auf und erstellte das Periodensystem der Elemente. Friedrich Wöhler (1800–1882) und andere begründeten das Feld der organischen Chemie. In ihren Synthesen erzeugten sie Stoffe, die bisher nur von lebenden Organismen bekannt waren, aus unbelebter Materie. Das spielte später in der Biochemie bei der Erforschung der chemischen Vorgänge in Lebewesen (Stoffwechsel) eine entscheidende Rolle. Unter den hergestellten Ver-

Dmitri Mendelejew
(1897)

Thomas Edison (um 1922)

bindungen waren Farbstoffe, Aspirin und stickstoffhaltige Düngemittel.

In der Biologie veröffentlichte Charles Darwin (1809–1882) sein Buch *Über die Entstehung der Arten*. Darin stellt er die Behauptung auf, dass Arten sich durch natürliche Selektion bilden und aussterben, abhängig davon, wie gut sie an die jeweilige Umgebung angepasst sind, in der sie leben. Die Studien von John Snow (1813–1858) zu einem Choleraausbruch in London verhalfen der Theorie zum Durchbruch, dass Bakterien für Krankheiten verantwortlich sind, und Louis Pasteur (1822–1895) wies nach, dass Impfungen die Übertragung von Krankheiten vermeiden können.

Viele Erfinder widmeten sich mit vermehrter Aufmerksamkeit den technischen Möglichkeiten der aufkeimenden Wissenschaften. Obwohl Thomas Edison (1847–1931) die Glühbirne nicht erfunden hat, stellte er einige frühe, praxistaugliche Vorformen her und leistete Pionierarbeit auf dem Gebiet der Stromerzeugung, der Tonaufnahme und des Films. Ein Rivale von Edison, Nikola Tesla (1856–1943), führte funktionierende Modelle von Wechselspannnungs-Generatoren ein, Systeme zur Übertragung elektrischer Energie über lange Strecken hinweg sowie ferngesteuerte Geräte.

Neben den Arbeiten von Edison und Tesla produzierten Erfinder die erste Dampflokomotive (1804), eröffneten die erste öffentliche Eisenbahnstrecke (1825), entwickelten den ersten Elektromotor (1829), die Telegrafie (1837), das Bessemer-Verfahren bei der Massenproduktion in der Stahlerzeugung (1859), das Raffinierieverfahren für Erdöl (1856), das Dynamit (1867), die Schreibmaschine (1870), das Maschinengewehr (1884), das Automobil (1886) und das Schweizer Armeemesser (1894).

FRAUEN IN DEN NATURWISSENSCHAFTEN

Es ist auffallend, dass alle Wissenschaftler und Erfinder, die bisher namentlich genannt wurden, männlich sind. Frauen fehlen in der Regel in solchen Aufzählungen, und zwar aus unterschiedlichen Gründen. Erstens hielt man Männer von Natur aus besser für wissenschaftliche Forschungen geeignet, während man von Frauen erwartete, dass sie sich um Kinder und Haushalt kümmerten. Für viele Mädchen und junge Frauen lag wissenschaftliches Arbeiten vollkommen jenseits ihrer Vorstellungen.

Maria Agnesi

Zum Zweiten blieb eine offizielle wissenschaftliche Ausbildung für Frauen weitgehend unerreichbar. Im frühen 19. Jahrhundert wurden Frauen zunächst in Gelehrtengesellschaften zugelassen, und erst im Laufe des Jahrhunderts wurden höhere Schulen und Universitäten in größerer Anzahl gegründet, die der Frauenbildung dienten. Durch diesen Mangel an Bildungsmöglichkeiten konnten viele begabte Frauen keine grundlegenden Kenntnisse und Fähigkeiten erwerben, wie sie für wissenschaftliche Arbeit notwendig waren.

Drittens wurden die wissenschaftlichen Beiträge von Frauen häufig übersehen, ein Phänomen, das sich bis weit ins 20. Jahrhundert hinein hielt. Die Physikerin Joyce Bell Burnell zum Beispiel entdeckte 1967 als Erste einen Pulsar, doch der Nobelpreis für die Entdeckung ging an ihren Doktorvater. Bell Burnell erklärte sich das so: Die Leute nahmen einfach an, dass für derartige Entdeckungen nur ein höherrangiger Mann verantwortlich sein konnte, während Frauen als »Lakaien und Nachwuchskräfte« dienten, »von denen man nicht erwartete, dass sie nachdachten«.

Dennoch, als Marie Curie geboren wurde, hatten Frauen viele wichtige Beiträge in verschiedenen Naturwissenschaften geleistet. Hypatia von Alexandria (350–415) spielte in der Geschichte der Mathematik und Astronomie eine wichtige Rolle. Dorotea Bucca (1360–1430) hatte über Jahrzehnte hinweg an der Universität von Bologna einen Lehrstuhl in Medizin inne. Maria Sibylla Merian (1647–1717) leistete grundlegende Beiträge in den Bereichen Botanik und Entomologie. Und Maria Agnesi (1718–1799) war die erste Frau, die einen Lehrstuhl in Mathematik bekleidete.

MARIES POLNISCHES ERBE

WENN MAN DIE WELT VERSTEHEN WILL, IN DIE MARIE CURIE HINEINGEBOREN WURDE,
IST DIE GESCHICHTE VON POLEN GENAUSO WICHTIG WIE DIE WISSENSCHAFTSGESCHICHTE.
DAS GRÜNDUNGSDATUM POLENS WIRD IN DER REGEL AUF DAS JAHR 966 FESTGELEGT, ALS
HERZOG MIESZKO I. SICH TAUFEN LIESS. SEIN SOHN BOLESŁAW I. BEGRÜNDETE 1025 DAS
KÖNIGREICH POLEN.

Zeitgenössische Landkarte von Europa

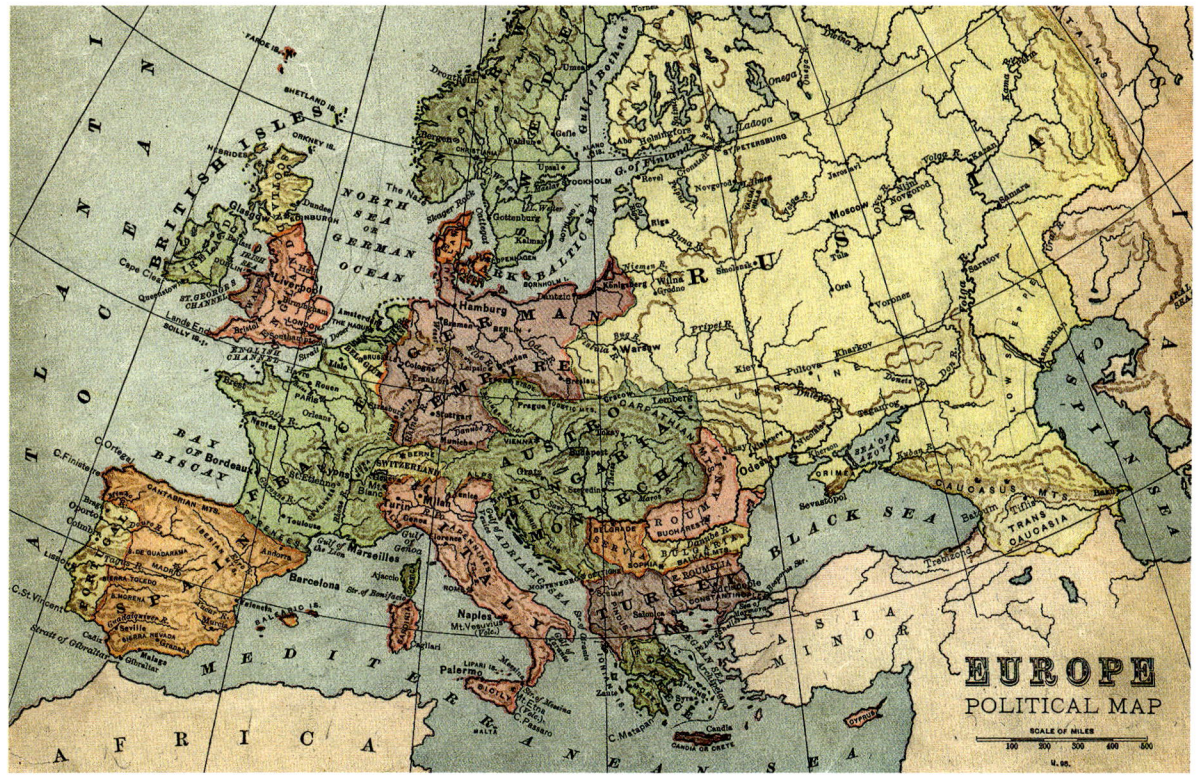

Im Jahr 1569 gingen Polen und Litauen ein Bündnis ein, das in der Folge zu einer wichtigen europäischen Macht wurde. Bemerkenswert daran war, dass das neue Polen-Litauen eine Adelsrepublik mit Parlament war und die Wahlmonarchie einführte.

Nach einem Aufstand gegen Russland wurde Polen-Litauen 1772 unter seinen drei Nachbarn Preußen, Österreich und Russland aufgeteilt. 1791 legten Reformer den Entwurf für eine neue polnische Verfassung vor, die den leibeigenen Bauern Rechte zugestand, aber Russland und Preußen schickten Truppen, um die Liberalisierung zu verhindern. So kam es schließlich 1793 zu einer erneuten Aufteilung der polnischen Territorien. Eine erneute bewaffnete Revolte wurde 1794 niedergeschlagen und hatte zur Folge, dass die drei Länder auch noch den Reststaat auflös-

ten und unter sich aufteilten. Die polnische Nation verschwand von der Landkarte Europas.

Um Polens Unterstützung zu erlangen, errichtete Napoleon 1807 das Herzogtum Warschau, aber der Wiener Kongress 1815 stellte Kongresspolen unter russische Kontrolle. Die Ablehnung der russischen Fremdherrschaft führte 1830 zu einem weiteren Aufstand, der scheiterte, ebenso ein zweiter Aufstand 1863. Der größte Teil Polens wurde von Russland annektiert. Nicht in der Lage, die Unabhängigkeit für ihr Land zu erreichen, konzentrierten sich die patriotischen Kräfte nun auf die polnische Kultur. Die Förderung von Bildung und politischen Aktivitäten wurde zur nationalen Aufgabe.

Zur Zeit von Maries Geburt im Jahr 1867 litt das polnische Volk seit Jahrzehnten darunter, dass ausländische Staaten, insbesondere Russ-

Europa im Jahr 1815

land, die polnische Kultur unterdrückten. Amtssprachen waren Russisch oder Deutsch, in den Schulen wurde polnischen Kindern die Kultur dieser beiden Länder beigebracht. Die katholische Kirche wurde unterdrückt. Im Land entwickelte sich ein gewaltfreier polnischer Nationalismus mit dem Ziel, die polnische Identität zu bewahren und zu fördern.

Dieses Programm wurde »organische Arbeit« genannt. Es versuchte, die wirtschaftliche Entwicklung zu stärken, indem es bäuerliche und gewerbliche Betriebe in polnischem Besitz konkurrenzfähig machte. Ein weiteres Ziel war die Bildung des Volkes durch Alphabetisierung, Büchereien wurden gegründet und Druckwerke verbreitet. Statt die neue polnische Nation wiederum durch einen Volksaufstand auferstehen zu lassen, versuchten die Anhänger dieser Bewegung, die polnische Kultur durch Wissenschaft, Technologie und Ökonomie weiterzuentwickeln.

In dieser Zeit besuchte der dänische Schriftsteller Georg Brandes Polen viele Male und lieferte ausführliche Beschreibungen davon, wie das Leben für das polnische Volk in der zweiten Hälfte des 19. Jahrhunderts verlief. Er beschrieb Polen als eine Nation, die nicht nur zum Tode verurteilt, sondern lebendig begraben sei, und doch, so schrieb er weiter, versuche das polnische Volk seine Identität auf jede ihm zur Verfügung stehende Weise aufrechtzuerhalten.

Als Brandes mit dem Zug nach Warschau reiste, wurde sein Gepäck an der Grenze von russischen Beamten durchsucht. Viele seiner Bücher wurden konfisziert, und er erhielt »eine Quittung für 15 Pfund Litteratur«. Im Gegensatz zu den Umgangsformen der Preußen, die er »klug und einförmig« nannte, beschrieb er den russischen Stil als »ungleichartig, widersinnig und häufig in ungeschickte Hände gelegt«. Seinen wohlüberlegten Argumenten, warum man ihm erlauben

Georg Brandes (1900, von Peder Severin Kroyer)

solle, seine Bücher zu behalten, begegnete man, statt mit Gegenargumenten, nur mit Willkür und autoritärem Auftreten.

Brandes beschrieb Warschau als »nächst Paris die glänzendste Stadt Europas«, klagte aber zugleich: »Nun ist sie eine russische Provinzstadt.«

Er beschuldigte die russische Regierung, sie versuche, den Stolz der Stadt brechen zu wollen, der »Hauptstadt eines Landes, dessen Existenz die Regierung nicht anerkennt«. Jeder Rest von Demokratie war ausgelöscht: »Russisch-Polen ist überhaupt ein Land, wo nie gewählt wird.«

»Die polnische Sprache ist an der Universität unbedingt verboten«, schrieb Brandes, genauso wie auf der Straße und in öffentlichen Gebäuden. Alle Schilder waren auf Russisch, und die Weigerung, die russische Sprache in den Kirchen einzuführen, führte zum Exil einiger polnischer Bischöfe.

Schließlich beschrieb er, wie es war, unter russischer Zensur Texte zu verfassen:

Fast alle Artikel, worin wirklich etwas gesagt wird, sind daher darauf berechnet, beim ersten Durchlesen nicht verstanden zu werden. Die Sprache ist abstrakt, unbestimmt, zweideutig. Das ganze Publikum ist herangebildet, zwischen den Zeilen zu lesen … Es gab Tage, wo ich mich vergebens nach Ausdrücken mit doppelter Bedeutung abmühte, nach Bildern, die an und für sich weniger deutlich, doch vom Auditorium verstanden werden konnten, Umschreibungen, die durchsichtig und doch unangreifbar waren … Nach und nach erhielt ich Übung in dem Rebusstile und bewegte mich in Andeutungen und Hintergedanken.

Beide Elternteile Maries entstammten dem alten Landadel, dem Russland nach der Niederlage Polens Ländereien und Titel genommen hatte. Ihr Großvater hatte progressive Ansichten und die Meinung vertreten, die Kinder der Bauern sollten zusammen mit denen des Adels unterrichtet werden. Ein Bruder ihrer Mutter war nach Sibirien verbannt worden, ein anderer war nach

WŁADYSŁAW SKŁODOWSKI

Maries Vater Władysław Skłodowski war der Sohn eines Lehrers, trat in die Fußstapfen seines Vaters, unterrichtete Mathematik und Physik und wurde Direktor verschiedener Knabenschulen. Da Russland jeden Unterricht im Labor verboten hatte, führte er ihn auf privater Basis fort und benutzte seine Gerätschaften zu Hause. Sein massiver polnischer Patriotismus kostete ihn schließlich seine Stellung, sodass die Familie in finanzielle Schwierigkeiten geriet und gezwungen war, Untermieter aufzunehmen.

Władysław Skłodowski, Marie Curies Vater, mit seinen drei Töchtern (1890)

BRONISŁAWA SKŁODOWSKA

Maries Mutter Bronisława Skłodowska war an der einzigen privaten Mädchenschule Warschaus erzogen worden. Sie wurde Lehrerin und später Schulleiterin, musste ihre Stelle aber schließlich wegen zunehmender gesundheitlicher Probleme aufgeben. Die Kinder der Skłodowskis, auch die Mädchen, sollten eine gute Ausbildung erhalten und einen beruflichen Weg einschlagen, der das Leben anderer Menschen bereicherte. Doch Bronisława erlebte nicht mehr mit, was aus ihrem jüngsten Kind wurde. Sie starb an Tuberkulose, als Marie zehn Jahre alt war.

Bronisława Skłodowska,
Maries Mutter (1860)

Frankreich geflohen, nachdem er im Krieg zweimal verwundet worden war.

Die russische Unterdrückung der polnischen Kultur legte den Anstrengungen der patriotischen Familie Skłodowski viele Hindernisse in den Weg. Trotzdem stellten Maries Eltern sicher, dass ihre Kinder eine gründliche Erziehung in Fremdsprachen, Mathematik und Naturwissenschaften erhielten. Alles, was mit polnischer Sprache, Kultur und Geschichte zusammenhing, war in der Schule verboten, doch durch die Eltern waren auch die Kinder von diesen Themen erfüllt.

GEBURT UND AUSBILDUNG

DAS FÜNFTE UND LETZTE KIND DER FAMILIE KAM IM NOVEMBER 1867 ZUR WELT, ERHIELT DEN NAMEN MARIA UND WURDE IN DER FAMILIE MANIA GERUFEN. WÄHREND MARIES KINDHEIT STARBEN DIE MUTTER UND EINE ÄLTERE SCHWESTER, WAS DIE FAMILIE IN TIEFE TRAUER STÜRZTE, ABER AUCH NÄHER ZUSAMMENRÜCKEN LIESS.

Joseph Skłodowski, Maries Bruder

Marie war eine sehr gute Schülerin und erhielt zum Schulabschluss 1883 eine goldene Auszeichnung als Jahrgangsbeste. Um einer Depression entgegenzuwirken, schickte der Vater sie ein Jahr zu Verwandten aufs Land. Danach begann sie sich weiter fortzubilden.

Maries älterer Bruder Joseph konnte sich an der medizinischen Fakultät in Warschau einschreiben, aber für sie und ihre Schwester Bronia war das als Frauen nicht möglich. Also besuchten sie die »Fliegende Universität«, die so genannt wurde, weil sich Zeitpunkt und Ort der Kurse fortwährend änderten, um der Entdeckung durch die russische Obrigkeit zu entgehen. Die Studenten wollten lernen, aber auch zu einer besseren Zukunft Polens beitragen, indem sie die intellektuelle und moralische Stärke ihres Landes förderten.

Marie und Bronia erkannten rasch, dass diesen Studien Grenzen gesetzt waren, sie würden hier zum Beispiel nie einen offiziellen Abschluss machen können. Also schmiedeten die Schwestern einen Plan: In Frankreich waren Frauen zum Studium zugelassen. Bronia, die Ältere, würde nach Paris gehen und Medizin studieren, Marie würde in Polen bleiben und so viel Geld wie möglich verdienen, um ihre Schwester während des Studiums finanziell zu unterstützen. Später, wenn Bronia Geld verdiente, würde sie Marie zu sich nach Paris holen, damit sie auch studieren könnte.

rechts: Marie (1883)

Marie und ihre Schwester Bronia (1883)

Marie gab zunächst den Kindern wohlhabender Familien Privatstunden, merkte aber rasch, dass sie, um mehr zu verdienen, eine Stelle als Hauslehrerin annehmen musste. Also trat sie in die Dienste der vermögenden Familie Żorawski außerhalb von Warschau, wo sie auch die Kinder der Landbevölkerung unterrichten durfte. Als der älteste Sohn der Familie, Kazimierz (1866–1953), in den Semesterferien nach Hause kam, verliebten er und Marie sich ineinander und beschlossen zu heiraten. Seine Familie jedoch erhoffte sich eine bessere Partie für den Sohn und verbot die Verbindung.

Trotz dieser unangenehmen Situation blieb Marie noch zwei Jahre bei den Żorawskis, damit sie Bronia Geld schicken konnte. Und so beschrieb sie, wie sie es schaffte, durchzuhalten:

Menschen, die alles so stark empfinden wie ich und die nicht imstande sind, diese Veranlagung zu ändern, müssen sie wenigstens so gut als möglich verheimlichen. Ich würde mein halbes Leben dafür geben, wieder unabhängig zu sein, ein eigenes Heim zu haben.

Tatsächlich scheint sie bis zum Alter von 24 die Hoffnung auf eine Ehe mit Żorawski nicht vollkommen aufgegeben zu haben.

In den kommenden Jahren bildete sich Marie in Polen fort, so gut sie konnte. Den Kampf, unter solch widrigen Umständen noch zu lernen, schilderte sie folgendermaßen:

Jene Versammlungen sind mir lebhaft in Erinnerung geblieben. Ich erinnere mich an die angenehme, kollegiale Atmosphäre und an die intellektuelle Zusammenarbeit. Unsere Mittel waren zwar sehr bescheiden, und die Arbeitsergebnisse konnten auch nicht bedeutend sein, dennoch bin ich bis heute der Ansicht, dass die Ideen, von denen wir uns damals leiten ließen, die einzige Grundlage waren, auf der man einen wesentlichen sozialen Fortschritt aufbauen kann. Man kann nämlich nicht hoffen, die Welt zum Besseren zu wenden, wenn sich der Einzelne nicht zum Besseren wendet. Dazu sollte jeder von uns an der eigenen Vervollkommnung arbeiten und sich zugleich dessen bewusst werden, dass er die persönliche Verantwortung für alles trägt, was in der Welt geschieht, und dass es die direkte Plicht eines jeden ist, sich dort nützlich zu machen, wo er sich am nützlichsten machen kann.

Während Marie weiterhin arbeitete und sich mithilfe von Fachbüchern selbst beibrachte, was sie fürs Studium zu brauchen glaubte, fand ihr Vater eine neue Stelle. Sie war gut bezahlt, sodass er die Kosten für Bronias Studium übernehmen und Marie ihre Beiträge zurückzahlen konnte. Bronia schloss ihr Studium ab und stand kurz davor, einen polnischen Arzt zu heiraten. Sie wandte sich 1890 mit einer Einladung an Marie, nun nach Paris zu kommen. Aber Marie fühlte sich verpflichtet abzulehnen, denn sie hatte noch

KAZIMIERZ ŻORAWSKI

Er heiratete später die Tochter eines Mathematikers, die auch eine sehr gute Pianistin war, und das Paar bekam drei Kinder. Kazimierz Żorawski machte seinen Doktor in Mathematik an der Universität Leipzig und wurde später Mathematikprofessor an der Universität Warschau. Beim Warschauer Aufstand während der deutschen Besatzung Polens 1944 wurde er verhaftet und in ein Gefangenenlager deportiert. Nach dem Krieg wurde er als Mitglied in die Polnische Akademie der Wissenschaften aufgenommen.

Kazimierz Żorawski (1888)

DAS RADIUM-INSTITUT

Viele Jahre später (1932) wurde in Warschau das Radium-Institut eröffnet, das Maries Schwester Bronia leitete. Dort wurde 1935 ein Denkmal von Marie enthüllt. Das Institut wurde in späteren Jahren umbenannt in Maria-Skłodowska-Curie-Onkologie-Institut. Es heißt, Żorawski soll in seinen späten Jahren, inzwischen ein berühmter Mathematiker und »der Erste seiner Generation, der Polen an die Spitze der Mathematik geführt hat«, oft vor der Statue gesessen haben. Möglicherweise hat er sich vorgestellt, was gewesen wäre, wenn …

Statue von Marie Curie vor dem Radium-Institut in Warschau

nicht genug verdient, um sich ein Studium zu finanzieren. Sie schrieb an ihre Schwester:

Ich war dumm, ich bin dumm, ich werde dumm sein, solange ich lebe ... Ich habe von Paris wie von einer Erlösung geträumt, aber seit Langem schon habe ich die Hoffnung aufgegeben, je hinzukommen. Und jetzt, wo sich mir die Gelegenheit bietet, weiß ich nichts mit ihr anzufangen ...

Trotz Phasen tiefster Entmutigung schrieb sie von ihrem obersten Prinzip: sich nicht unterkriegen lassen, nicht von den Menschen und nicht von den Ereignissen. Man solle sich für Dinge, nicht für Menschen interessieren, und sie würde ihren Vorstellungen treu bleiben, auch unter wid-

rigen Umständen. Sie würde ihren Mangel an finanziellen Mitteln und ihre unsystematische Ausbildung nicht als unüberwindbare Hindernisse betrachten, sondern als Quell der Entschlossenheit, aus dem sie schöpfen konnte.

Schließlich beschloss Marie, ihr Studium an der Pariser Universität zu beginnen und den Traum zu verwirklichen, den sie seit Jahren im Kopf hatte. Im Herbst 1891 machte sie sich auf den Weg. Sie besaß kaum die nötigen Mittel, hatte 40 Rubel in der Tasche, einen Koffer und einen Klappstuhl für die Bahnfahrt vierter Klasse. Als sie in einem Saal der Universität Platz nahm, war es acht Jahre her, seit sie zuletzt eine offizielle akademische Ausbildung genossen hatte.

Lesesaal der Bibliothek an der Sorbonne

STUDIUM IN PARIS

NACH IHRER ANKUNFT IN PARIS LEBTE MARIE ZUNÄCHST BEI BRONIA UND IHREM MANN, DIE BEIDE ÄRZTE WAREN. OBWOHL SIE AUF DIESE WEISE GELD SPARTE, KOSTETE ES SIE WERTVOLLE ZEIT, DENN DIE FAHRT ZUR UNIVERSITÄT UND ZURÜCK DAUERTE UNGEFÄHR JE EINE STUNDE.

Also mietete Marie (statt Maria), wie sie von nun an in ihren Zulassungspapieren für die Universität hieß, eine kleine, billige Dachkammer im Quartier Latin, die wesentlich näher zur Universität lag.

Jahrzehnte später beschrieb Marie, wie sie sich im Winter warmgehalten hatte, indem sie sämtliche Kleidung, die sie besaß, über sich auf dem Bett aufhäufte. Einmal fiel sie in der Bibliothek in Ohnmacht – ein unmissverständliches Zeichen für Bronia, dass Marie nicht genug aß und auch nicht genug Pausen machte. Sobald sie bei Bronia gesund gepflegt worden war, kehrte Marie dennoch wieder ins Quartier Latin zurück, um sich voll und ganz auf ihr Studium zu konzentrieren.

Die Pariser Universität bildete einen krassen Gegensatz zu dem, was Marie in Polen kennengelernt hatte. In ihrem Heimatland war die Ausbildung streng reglementiert gewesen, die Studenten hatten nur wenige Wahlmöglichkeiten gehabt. In Paris hingegen konnte sie alle Veranstaltungen besuchen, die sie hören wollte. Sie konnte sich zu den Prüfungen anmelden oder auch nicht und musste, außer für die Prüfungen, keine Studiengebühren bezahlen. Das französische System, so schrieb sie später, hatte zum Ziel, das Vertrauen der Studenten in ihre eigenen Fähigkeiten zu wecken, und es bestärkte sie darin, diese Fähigkeiten auch einzusetzen.

Marie beschrieb ihr Leben in einem Gedicht für eine polnische Kommilitonin. Hier ein Ausschnitt davon:

Die Pariser Universität Sorbonne

Hart ist die Jugend der Studentin.
Mit stets erneuter Lust
Wandeln die anderen auf Wegen der Freude.

Und doch in ihrer Einsamkeit
Lebt sie ungekannt und selig,
Denn in ihrer Zelle findet sie
Die Inbrunst, die das Herz weitet …

Die gesegnete Zeit aber verfließt,
Das Land des Wissens muss sie verlassen
Für den Kampf um das Brot
Auf den grauen Straßen des Lebens.

Ihr Geist aber, voll Sehnsucht,
Irrt wohl manchen Tag
Zurück unter die Dächer,
Geliebte Winkel suchend,
Die stille Arbeit umschlossen,
Nun Herberge der Erinnerung …

An der Universität gab es erheblich mehr Männer als Frauen und es studierten viel mehr Frauen aus dem Ausland als französische Frauen. Hier zeigte sich, dass die Sekundarschulen in Frankreich zum großen Teil nach Geschlechtern getrennt und die Bildungsmöglichkeiten für Mädchen in der Regel schlechter waren als die für Jungen. Im Ergebnis lag die Gesamtzahl der Studentinnen an der Pariser Universität bei etwa 200, während es ungefähr 9000 männliche Studierende gab.

In den Naturwissenschaften und der Mathematik fiel das Geschlechterverhältnis noch drastischer aus. Als Marie 1893 ihren Abschluss in Physik machte, nur zwei Jahre nach ihrer Ankunft in Paris, war sie eine von nur zwei Frauen. Und als sie ein Jahr später ihren Abschluss in Mathematik machte, war sie eine von fünfen. Diese geringe Anzahl liegt unter anderem auch darin begründet, dass ein Großteil der Frauen an der Universität nur Vorlesungen besuchten, aber nicht vorhatte, auch ihren Abschluss zu machen.

Vor diesem Hintergrund sind Maries Leistungen als Studentin noch bemerkenswerter. Sie wusste nur zu gut, dass ihr die gründliche Ausbildung und der naturwissenschaftliche Hintergrund fehlten, die viele ihrer Mitstudenten besaßen, und sie legte die Prüfungen in einer Sprache ab, die sie noch nicht vollständig beherrschte. Doch als die Prüfungsergebnisse verkündet wurden, schloss Marie als Beste ihres Jahrgangs ab, und beim Mathematikexamen im folgenden Jahr war sie Zweitbeste.

Während dieser Zeit berichtete Marie ihrem Bruder vom studentischen Leben:

Mein Leben ist so einförmig und im Grunde so uninteressant, dass es mir schwerfällt, es Dir im Einzelnen zu schildern. Ich leide aber nicht unter seiner Eintönigkeit und bedaure nur, dass die Tage so kurz sind und so schnell vergehen. Man bemerkt nie, was schon getan ist: Man sieht bloß, was noch zu tun ist, und wenn man seine Arbeit nicht liebte, könnte man den Mut verlieren …

Es scheint, dass das Leben für keinen von uns leicht ist. Doch was nützt das, man muss Ausdauer und insbesondere Selbstvertrauen haben. Man muss daran glauben, für eine bestimmte Sache begabt zu sein, und diese Sache muss man erreichen, koste es, was es wolle. Vielleicht wird alles in dem Augenblick, wo wir es am wenigsten erwarten, gut ausgehen.

Maries hervorragende akademische Leistungen und ihr vielversprechender Intellekt öffneten ihr die Türen. Sie erhielt ein Alexandrowitsch-Auslandsstipendium, sodass sie mehr als ein Jahr aller Geldsorgen ledig war, und danach bot Gabriel Lippmann ihr eine Stelle in seinem Labor an, wo er die magnetischen Eigenschaften von unterschiedlichen Metalllegierungen untersuchte. Als sie später durch den Auftrag für eine technische Studie Geld verdiente, zahlte Marie ihr Alexandrowitsch-Stipendium zurück – etwas, das in der

MARIES PROFESSOREN

Marie hatte die Gelegenheit, bei Mathematikern und Wissenschaftlern von Weltklasse zu studieren. Einer ihrer Mathematikprofessoren war Henri Poincaré (1854–1912), vielleicht der letzte Mathematiker, der sich auf allen Gebieten dieses Fachs gleichermaßen hervortat. Ein anderer Professor war Joseph Boussinesq (1842–1929), der wichtige Beiträge in der Physik und Hydrodynamik leistete. Poincaré war Theoretiker, während Boussinesq viele Experimente durchführte und Wert auf praktische Beweisführung legte. Einer der wichtigsten Professoren Maries war Ga-

briel Lippmann (1845–1921), der für seine Mitwirkung an der Entwicklung der Farbfotografie fünf Jahre nach Marie den Nobelpreis für Physik erhielt. Das entbehrt nicht einer gewissen Ironie, denn Lippmann war 1903 einer von vier Verfassern eines Briefes der Französischen Akademie der Wissenschaften, in dem Henri Becquerel und Pierre Curie für den Nobelpreis vorgeschlagen wurden, ohne Marie dabei auch nur zu erwähnen. Möglicherweise dachte Lippmann, eine Frau zu empfehlen, würde das gesamte Nominierungsverfahren zum Scheitern verurteilen.

Henri Poincaré (1912)

Geschichte dieses Stipendiums bisher noch nie jemand getan hatte.

Im Rückblick auf diese intensiven und ärmlichen Jahre im Leben ihrer Mutter schrieb Maries Tochter Eve später: »Sie ist stolz auf ihre Armut. Stolz darauf, mittellos und unabhängig in der fremden Stadt zu leben.« Auch wenn diese Jahre nicht ihre glücklichsten gewesen sein mochten, »so doch die vollkommensten in dem Leben Marie Curies, die den Gipfeln menschlicher Berufung, zu denen ihr Auge sich erhoben hatte, am nächsten kamen«. Sie sah über alle Prüfungen und Entbehrungen hinweg und konnte ihr hartes Leben in einen »magischen Augenblick« verwandeln.

oben: Joseph Boussinesq

unten: Gabriel Lippmann (1908)

rechts: Marie Curie

PIERRE CURIE

PIERRE CURIES VATER EUGÈNE WAR ARZT WIE SCHON SEIN VATER. ALS JUNGER MANN HATTE ER DAVON GETRÄUMT, SICH GANZ DER WISSENSCHAFTLICHEN ARBEIT ZU WIDMEN, ABER HEIRAT UND DIE GEBURT VON ZWEI SÖHNEN BANDEN IHN AN DIE MEDIZINISCHE PRAXIS.

In der Revolution von 1848 hatte er einen Kieferbruch erlitten und erhielt später für seinen Einsatz eine Ehrenmedaille. Er nahm eine Anstellung bei einer Wohltätigkeitsorganisation für Kinder an und seine Söhne wuchsen am Rand von Paris auf.

Pierres Mutter Claire stammte aus einer bekannten Fabrikantenfamilie, die verschiedene Herstellungsmethoden für Farbstoffe erfunden hatte, doch durch die Revolution von 1848 finanziell ruiniert war. Jahrzehnte später schrieb Marie, dass ihre Schwiegermutter »ihre schwierigen Lebensbedingungen mit stillem Mut hinnahm. Mit äußerster Hingabe erleichterte sie durch ihre Arbeit und ihr Entgegenkommen das Leben ihres Mannes und ihrer Kinder«.

Pierre kam im Mai 1859 zur Welt, dreieinhalb Jahre nach seinem Bruder Jacques (1855–1941). Er wurde zu Hause von seinen Eltern unterrichtet, teilweise, so beschrieb es Marie, weil »seine intellektuellen Fähigkeiten die rasche Aneignung eines vorgeschriebenen Unterrichtsverlaufs nicht gestattet hätten«. Der junge Pierre hielt sich selbst für »schwerfällig«. Er war nicht gut darin, sich mit vielen unterschiedlichen Themen zu beschäftigen, aber immer erfolgreich, wenn er sich intensiv mit einem einzelnen Problem auseinandersetzte.

Mit 14 bekam Pierre einen Hauslehrer, der ihn in Mathematik unterrichtete. Bereits im jugendlichen Alter von 16 legte er seine Reifeprüfung ab und begann Physikvorlesungen an der Pariser Universität zu besuchen mit dem Ziel, seinen Abschluss zu machen. Aufgrund finanzieller Umstände begann er stattdessen als Leiter eines Phy-

siklabors zu arbeiten, überwachte die praktischen Übungen und betreute fünf Jahre lang die Studenten.

Sowohl Pierre als auch Jacques arbeiteten an der Mathematisch-Naturwissenschaftlichen Fakultät und unternahmen gern gemeinsam lange Spaziergänge in der Umgebung von Paris. Dabei konnte Pierre in Ruhe seinen Gedankengängen folgen, was ihm in der Stadt häufig versagt blieb. In sein Tagebuch schrieb er:

Wenn ich, im Begriff, mich langsam um die eigene Achse zu drehen, eben dabei bin loszuschnellen, ist ein Nichts – ein Wort, eine Mitteilung, eine Zeitung, ein Besuch – imstande, mich daran zu hindern, Gyroskop oder Kreisel zu werden, und kann den Augenblick, in dem ich, mit der genügenden Schnelligkeit versehen, die Fähigkeit hätte, mich zu konzentrieren, hinausschieben oder für immer zunichtemachen. Wir müssen essen, trinken, schlafen, müßig sein, lieben, die süßesten Dinge des Lebens berühren und dürfen ihnen doch nicht verfallen. Es ist notwendig, dass bei alledem die höheren Gedanken, denen wir verpflichtet sind, beherrschend bleiben und ihren unbeirrten Lauf in unseren Köpfen fortsetzen. Es ist notwendig, aus dem Leben einen Traum zu machen und einen Traum zur Wirklichkeit zu machen.

Pierre und Jacques, der seinen Abschluss gemacht hatte, begannen bald, Kristalle zu untersuchen. Das führte 1880 zur Entdeckung der Piezoelektrizität. *Piezo* ist das griechische Wort für Druck, und die Brüder Curie konnten beweisen, dass bei

Pierre und Jacques
Curie mit ihren Eltern
(um 1878)

PIEZOELEKTRIZITÄT

Ein Kristall besteht aus regelmäßig angeordneten Atomen mit ausgeglichener positiver und negativer Ladung. Wenn man Druck ausübt, verformt sich die Struktur des Kristalls und damit gerät auch die Anzahl positiv und negativ geladener Teilchen aus dem Gleichgewicht – es entsteht elektrische Ladung. Je größer die Krafteinwirkung, desto größer die Ladung. Umgekehrt führt das Anlegen einer elektrischen Ladung zu einer leichten Veränderung in der Anordnung der Atome und damit zu einer leichten Verformung des Kristalls.

Der piezoelektrische Effekt wird bei Umwandlern genutzt, also bei Apparaten, die eine Form von Energie in eine andere transferieren. Natürlich sind nicht alle diese Instrumente Produkte menschlicher Erfindung. Der menschliche Körper enthält zahlreiche Umwandler, wie zum Beispiel die Netzhaut im Auge, die Lichtenergie in elektrische Impulse für den Sehnerv umwandelt, und das Ohr, das es ermöglicht, Schallwellen vom Innenohr über den Hörnerv als elektrische Signale ins Gehirn zu schicken.

Der piezoelektrische Effekt ist die Grundlage zahlreicher Erfindungen. Ein Mikrofon zum Beispiel wandelt Schallschwingungen in elektrische Signale um, und ein Lautsprecher konvertiert umgekehrt elektrische Impulse in mechanische Schwingungen, hörbar als Schall. Quarzuhren funktionieren mit einem Schwingquarz mit elektromechanischer Schwingung, ein sehr zuverlässiger Taktgeber in Uhren. Und die piezoelektrischen Eigenschaften von Zinkoxid sind verantwortlich für seinen weit verbreiteten Einsatz als Halbleiter, dem Rückgrat digitaler Elektronik.

Piezoelektrische Waage, wie Pierre Curie sie Lord Kelvin präsentierte

der Verformung eines Kristalls, zum Beispiel Quarz, elektrische Ladung entsteht. Lippmann sagte vorher, das müsse auch umgekehrt der Fall sein, also elektrische Ladung führe zu einer Verformung des Kristalls – wofür die Curies schon bald den experimentellen Beweis lieferten. Daraus entwickelten sie ein piezoelektrisches Quarz-Elektrometer, das später bei der Untersuchung von Radioaktivität eine wichtige Rolle spielen sollte.

1883 trennten sich die Wege der Brüder Curie: Jacques zog nach Montpellier in Südfrankreich, wo er einen Lehrstuhl in Mineralogie erhielt, und Pierre wurde Laborleiter in der Städtischen Hochschule für Industrielle Physik und Chemie in Paris. Trotz der räumlichen Trennung blieben die Brüder geistig eng verbunden. Über ihre häufigen Treffen schrieb Pierre:

Manchmal schien es mir, als wären wir zurückgekehrt in die Zeit, als wir noch zusammenlebten. Damals waren wir bei allen Dingen immer zu der gleichen Meinung gelangt, sodass es für uns bald nicht mehr notwendig war, mittels Sprache zu kommunizieren, um einander zu verstehen.

Als Direktor des Labors war Pierre nur wenig älter als manche seiner Studenten und er amüsierte sich später darüber, wenn er sich daran erinnerte, wie er und seine Studenten eines Tages, als sie noch spät abends im Labor waren und alle Türen verschlossen vorfanden, an einem Rohr, das an einem Fenster entlanglief, aus dem ersten Stock klettern mussten. Die Arbeit von mehreren Dutzend Studenten zu begleiten, nahm fast seine gesamte Energie in Anspruch. Trotzdem fand er die Zeit, die Forschungen an den Kristallen fortzusetzen und einige interessante Aufsätze zu veröffentlichen.

Bei Lippmann, seinem Doktorvater, stellte er 1895 schließlich seine Doktorarbeit fertig: »Magnetische Eigenschaften von Substanzen im Temperaturbereich zwischen 25 und 1400 °C«. Da er damit wichtige Physiker wie Lord Kelvin beein-

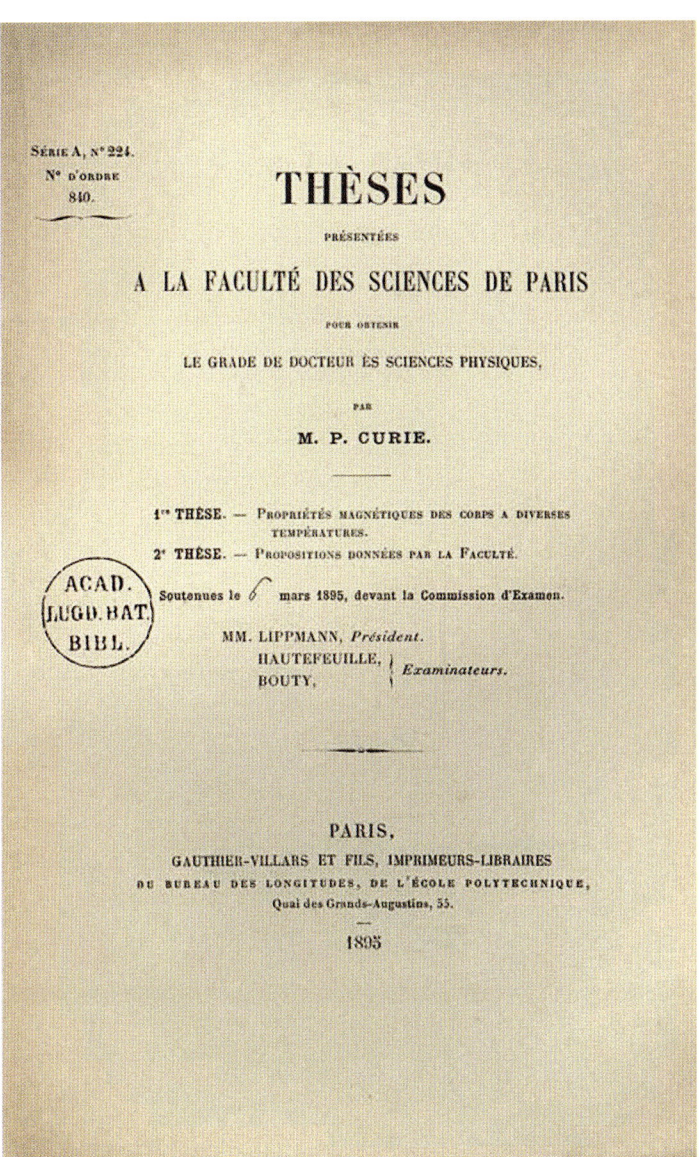

Titelblatt von Pierre Curies Doktorarbeit (1895)

druckt hatte, schuf man für ihn an der Hochschule für Industrielle Physik und Chemie einen neuen Lehrstuhl für Physik. Doch obwohl er nun einen Professorentitel hatte, wurde wenig unternommen, um die Bedingungen zu verbessern, unter denen Pierre forschte, und er arbeitete unter denselben schwierigen Umständen weiter.

WERBUNG UND HOCHZEIT

ES MUTET WENIG ÜBERRASCHEND AN, DASS PIERRE MIT MITTE DREISSIG IMMER NOCH UNVERHEIRATET WAR. ES HÄTTE VIELE GELEGENHEITEN GEGEBEN, JUNGE FRAUEN ZU TREFFEN UND IHNEN DEN HOF ZU MACHEN, ABER ER HATTE SICH VÖLLIG DER WISSENSCHAFT VERSCHRIEBEN.

Was anderen Grund genug zum Heiraten gab, hatte hingegen wenig Einfluss auf Pierre. Er scheint die romantische Liebe als Versuchung betrachtet zu haben, der es aus Verpflichtung seinen wissenschaftlichen Forschungen gegenüber zu widerstehen galt.

Mit 22 hatte er in sein Tagebuch geschrieben:

Die Frau, weit mehr als wir, liebt das Leben um des Lebens willen: geniale Frauen sind selten. Wenn wir Männer also, von einem geheimnisvollen Gefühl getrieben, einen Weg beschreiten wollen, der uns von der Natur entfernt, wenn wir alle unsere Gedanken einem Werk widmen, das uns den uns Nahestehenden entrückt, haben wir mit den Frauen zu kämpfen. Die Mutter will vor allem die Liebe ihres Kindes, und sei es auf Kosten seiner geistigen Entwicklung. Die Geliebte will gleichfalls den Mann besitzen und würde es ganz selbstverständlich finden, wenn man den größten Geist der Welt einer Liebesstunde opferte. Der Kampf ist fast immer ungleich, weil die Frauen die gerechte Sache für sich haben: denn es geschieht im Namen des Lebens und der Natur, dass sie versuchen, uns zu sich zurückzuführen.

Marie und Pierre wurden einander 1894 von einem gemeinsamen Bekannten vorgestellt, Joseph Kowalski-Wierusz (1866–1927), einem polnischen Physiker, der in Paris Vorlesungen hielt und von seiner Frau begleitet wurde. Marie erwähnte ihm gegenüber Schwierigkeiten bei ihren Forschungsarbeiten zu den magnetischen Eigenschaften von Metallen. Sie hingen hauptsächlich mit den Bedingungen in den beengten Räumlichkeiten von Lippmanns Labor zusammen. Der Physiker erzählte ihr von einem jungen Wissenschaftler, der ihr möglicherweise zu einem passenderen Laborraum verhelfen oder zumindest einen wertvollen Rat geben könnte.

Marie und Pierre begegneten sich am kommenden Abend bei einer Einladung zum Tee in den Räumen des Physikers, und Marie beschrieb später den Augenblick, als sie ihren künftigen Ehemann das erste Mal zu Gesicht bekam:

Als ich eintrat, stand Pierre Curie in der Nische der Balkontür. Er sah sehr jung aus, obwohl er damals fünfunddreißig Jahre alt war. Was mir an ihm auffiel, war der Blick seiner hellen Augen und eine Spur von Lässigkeit in der Haltung seines hochgewachsenen Körpers.

Die etwas langsame, bedächtige Sprechweise, seine Schlichtheit, das zugleich ernste und junge Lächeln hatten etwas Vertrauenerweckendes.

Es entwickelte sich ein Gespräch zwischen uns, das bald freundschaftlichen Charakter annahm: Wir sprachen über wissenschaftliche Fragen, und ich war glücklich, mich mit ihm beraten zu können. Dann diskutierten wir soziale Themen. Trotz unserer unterschiedlichen Herkunft gab es eine überraschende Verbindung, die zweifellos auf ein vergleichbares moralisches Umfeld zurückzuführen war, in dem wir aufgewachsen sind.

Pierre und Marie Curie (1895)

Nachdem sie einander bei der Physikalischen Gesellschaft und im Labor erneut begegnet waren, fragte Pierre, ob er sie einmal besuchen dürfe. Bald begann er von seinem Traum einer Existenz zu erzählen, die sich ausschließlich der wissenschaftlichen Forschung widmete, und fragte Marie, ob sie ein solches Leben mit ihm teilen wolle. Um einen solchen Traum zu verwirklichen, hätte sie ihre Pläne aufgeben müssen, denn sie wollte nach dem Ende ihres Studiums nach Polen und zu ihrem Vater zurückkehren. Als Marie über den Sommer nach Polen reiste, hielt sie die Korrespondenz mit Pierre aufrecht, was das Band zwischen ihnen stärkte.

Er schrieb:

Doch wäre es schön – ich wage nicht daran zu glauben –, das Leben zusammen zu verbringen, gebannt von unseren Träumen: Ihr patriotischer Traum von Humanität, unser Traum von Wissenschaft. Von allen diesen Träumen ist, glaube ich, nur der Letztgenannte legitim ... Ich rate Ihnen dringend, im Oktober nach Paris zurückzukommen. Es würde mich sehr kränken, wenn Sie dieses Jahr nicht wiederkämen ... Ich glaube nur, dass Sie hier besser vorwärtskämen und fundiertere und nützlichere Arbeit leisten würden.

Viele Frauen würden einen derartigen Brief enttäuschend finden – nicht so Marie. Sie erklärte das so:

Pierre Curie sah in seiner Zukunft nur eines: Sein Leben würde den Wissenschaften gewidmet sein. Er spürte das Bedürfnis nach einem Gefährten, der seinen Traum mit ihm leben konnte, und sagte mir viele Male, er habe bis zum Alter von 36 nicht geheiratet, weil er eine Ehe, die diese Bedingung erfüllte, nicht für möglich hielt – für ihn aber war sie eine absolute Notwendigkeit.

Als Marie nach Paris zurückgekehrt war, erkannten beide, dass sie unmöglich einen besseren Lebensgefährten finden würden. Sie beschlossen zu heiraten, und die standesamtliche Trauung fand im Juli 1895 statt. Es war, laut Marie, die einfachste Zeremonie, die man sich denken konnte, denn Pierre bekannte sich zu keiner Religion, und Marie übte die ihre nicht aus. Anwesend waren nur Pierres Eltern, die ihre neue Schwiegertochter mit großer Herzlichkeit empfingen, und Maries Vater und Schwestern.

In Paris bezogen die Frischvermählten eine Wohnung mit drei Zimmern nahe der Hochschule für Physik. Hauptattraktion war der Blick in einen großen Garten. Sie möblierten die Wohnung mit Spenden ihrer Familien, und weil sie nicht viel Geld hatten, übernahm Marie alle häuslichen Arbeiten selbst, ein Zustand, der ihr von Studententagen her vertraut war. Sie waren froh, dass sie mit so wenig auskamen, und die größte Herausforderung bestand für beide darin, ihre tägliche Arbeit in den kurzen Zeitraum von 24 Stunden zu packen.

Marie ging ihre neuen Aufgaben als Ehefrau, wie alles andere, systematisch an. Sie nahm Kochstunden und bereitete Mahlzeiten zu, was der geistig oft abwesende Pierre manchmal gar nicht zu bemerken schien. Sie las ihre Kochbücher immer wieder und notierte neben den Rezepten sorgfältig, was schiefgegangen war.

Das Paar verbrachte nahezu seine gesamte Zeit zusammen, daher gibt es aus dieser Zeit kaum Briefe. An Feiertagen und in den Ferien waren sie auf dem Land oder in den Bergen zum Spazieren oder Rad fahren. Doch Pierre fiel es nicht leicht, längere Zeit irgendwo zu bleiben, wo er nicht arbeiten konnte. Nach nur wenigen Tagen sagte er deshalb in der Regel: »Es ist schon lange her, dass wir etwas getan haben!«

FLITTERWOCHEN

Als Hochzeitsreise unternahm das Paar eine Fahrradtour quer durchs Land, was durch die neuen aufblasbaren Fahrradschläuche möglich geworden war. Ihre Mittel waren bescheiden, und ihre Tochter Ève beschrieb es später so: »Mit den paar Groschen, die das Nächtigen in Dörfern kostet, und vielem fleißigen Pedaletreten erkaufen sich die beiden jungen Eheleute verzauberte Tage und Nächte hindurch den Luxus des Alleinseins.« Während ihrer Ausflüge sprachen sie davon, ein Labor miteinander zu teilen. Sie würden immer zusammen sein.

Marie und Pierre Curie auf Hochzeitsreise

DAS UNSICHTBARE LICHT

LANGE ZEIT WAR DAS LICHT, DAS FÜR DAS MENSCHLICHE AUGE SICHTBAR IST, DIE EINZIG BEKANNTE FORM DESSEN, WAS WIR HEUTE ALS ELEKTROMAGNETISCHE STRAHLUNG KENNEN. SCHON DIE ALTEN GRIECHEN WUSSTEN, DASS SICH LICHT GERADLINIG AUSBREITET UND SOWOHL REFLEKTIERT ALS AUCH GEBROCHEN WERDEN KANN.

Im Jahr 1800 wurden erstmals neue Anteile des elektromagnetischen Spektrums entdeckt, als William Herschel (1738–1822) auf die Existenz von Infrarotstrahlung schloss. Ein Jahr später entdeckte Johann Ritter (1776–1810) das ultraviolette Licht.

1845 fasste Michael Faraday diese Formen der Strahlung unter dem Begriff des Elektromagnetismus zusammen. Er zeigte, dass ein Magnetfeld die Polarisation von Licht beeinflussen konnte. In den 1860er-Jahren entwickelte James Maxwell Gleichungen, die elektrische und magnetische Felder beschreiben, und erkannte, dass diese in Form von Wellen Lichtgeschwindigkeit hatten. Das führte ihn zu der Hypothese, das Licht selbst sei eine Art elektromagnetischer Welle. 1886 gelang es Heinrich Hertz, elektromagnetische Wellen im Experiment zu erzeugen und damit die Radiowellen zu entdecken.

Im November 1895, im gleichen Jahr, als Marie und Pierre heirateten, führte ein deutscher Physiker namens Wilhelm Röntgen (1845–1923) Experimente durch, bei denen es unter anderem darum ging, Strom mit hohen Voltzahlen durch eine luftleere Röhre zu leiten. Was er dabei entdeckte, sollte nicht nur die Physik revolutionieren, sondern auch die Chemie, die Medizin und die Astronomie. Röntgen erhielt 1901 den ersten Nobelpreis für Physik, »als Anerkennung des außerordentlichen Verdienstes, das er sich durch die Entdeckung der nach ihm benannten Strahlen erworben hat«.

links: Michael Faraday (Porträt von Thomas Phillips, 1843)

oben: Heinrich Hertz

WILHELM RÖNTGEN

Andere Forscher wie Philipp Lenard und Nikola Tesla hatten das Phänomen wahrscheinlich schon zuvor beobachtet, aber Röntgen erkannte die Bedeutsamkeit dessen, was er sah, und begann die neue Strahlung systematisch zu untersuchen. Seine eigentliche Entdeckung machte er am 8. November 1895, als er bemerkte, dass Kathodenstrahlen auf einem Schirm mit Bariumsalzen ein fluoreszierendes Muster hinterließen. Er war fasziniert und lebte in den folgenden sechs Wochen mehr oder wenige in seinem Labor, wo er verschiedene Experimente machte.

Röntgen nannte die neuen Strahlen »X-Strahlen«, nach dem Buchstaben X für das Unbekannte. Einige Wochen später machte er eine Aufnahme von Berthas Hand, die erste Röntgenaufnahme eines Menschen überhaupt. Als sie das Bild, auf dem Knochen und Ehering klar zu erkennen sind, gesehen hat, soll sie gesagt haben: »Ich habe meinen Tod gesehen.« Röntgens erste Forschungsberichte über die X-Strahlen wurden 1895 veröffentlicht, und die Nachrichten von ihrer Entdeckung verbreiteten sich wie ein Lauffeuer um die ganze Welt.

Röntgen lehnte es ab, das Verfahren zur Erzeugung der X-Strahlen patentieren zu lassen. Das Preisgeld seines Nobelpreises stiftete er seiner Universität. Nur ein paar Monate nach seiner Entdeckung schrieb Bertha: »Es ist nicht leicht, ein berühmter Mann zu sein, und nur wenige Leute haben eine Vorstellung davon, wie viel Arbeit und Aufregung es mit sich bringt … Aber seine größte Befriedigung findet er darin, dass er auf dem Felde der reinen Wissenschaft etwas Wertvolles entdeckt hat.«

Röntgen übernahm später den Lehrstuhl für Physik an der Universität München. Seine Pläne, in die Vereinigten Staaten zu gehen, wurden durch den Ausbruch des Ersten Weltkriegs durchkreuzt und er blieb bis zu seinem Tod in Deutschland. Die Inflation der Nachkriegsjahre vernichtete seine Ersparnisse,

Wilhelm Röntgen (1899)

und er verbrachte seine letzten Lebensjahre in Armut. 1923 starb er an Darmkrebs. Das Element Röntgenium wurde nach ihm benannt, und ein Röntgen bezeichnete eine internationale Maßeinheit für die Ionendosis.

Der Sohn eines deutschen Vaters und einer niederländischen Mutter war farbenblind und aufgrund eines Unfalls in der Kindheit auf einem Auge blind. Er wurde wegen eines Streichs der höheren Schule verwiesen und hatte Schwierigkeiten, zum Studium zugelassen zu werden. Doch schließlich promovierte er an der Universität Zürich. Er und seine Frau Bertha adoptierten eine Tochter. Im folgenden Jahr, 1888, erhielt er an der Universität Würzburg den Lehrstuhl für Physik und hier machte er seine große Entdeckung.

Röntgen sah die Einsatzmöglichkeiten der X-Strahlen in der Medizin voraus. Dass man einen Blick in den lebendigen Körper werfen konnte, würde die Diagnostik bei Verletzungen und Krankheiten revolutionieren. Jahrzehnte später, um 1970, entwickelte ein britischer Ingenieur namens Godfrey Hounsfield (1919–2004) die Computertomografie (CT). Sie verwendet Röntgenstrahlung, die aus unterschiedlichen Richtungen durch den Körper geschickt wird, und die ein dreidimensionales, sehr viel präziseres Bild ergibt. Dafür erhielt er 1979 den Nobelpreis für Medizin.

1912 erkannten die Physiker, dass die Wellenlänge des sichtbaren Spektrums zu groß ist, als dass man mit seiner Hilfe die Molekularstruktur von Kristallen untersuchen könnte. Röntgenstrahlen mit kürzerer Wellenlänge hingegen eigneten sich sehr gut dazu. Ein Team aus Vater und Sohn, William Henry Bragg (1862–1942) und William Lawrence Bragg (1890–1971), entwickelte die Bragg-Gleichung zur Erklärung der Muster, die bei der Beugung von Röntgenstrahlung an Kristallstrukturen entstehen. 1915 erhielten die Braggs dafür den Physik-Nobelpreis.

Godfrey Hounsfield (1975)

In den 1950er-Jahren spielte die Röntgen-kristallografie eine entscheidende Rolle, um die Struktur der DNA zu bestimmen. James Watson (geb. 1928) und Francis Crick (1916–2004) benutzten Material von Maurice Wilkins (1916–2004) und Rosalind Franklin (1920–1958) und konnten zeigen, dass die DNA, Träger der genetischen Information, eine Doppelhelix-Struktur hat. Watson, Crick und Wilkins erhielten dafür den Nobelpreis für Medizin.

Eine weitere, äußerst wichtige Rolle sollte die Röntgenstrahlung in der Astronomie spielen. Die Röntgenastronomie nutzt die von Himmelskörpern ausgesandte Röntgenstrahlung und wurde von 1960 an möglich, als Detektoren außerhalb der Erdatmosphäre in Position gebracht werden konnten. Während Himmelskörper wie die Sonne eine große Menge Energie im sichtbaren Bereich des elektromagnetischen Spektrums aussenden, erzeugen Körper mit größerer Dichte, wie Neutronensterne und schwarze Löcher, Emissionen in den Bereichen Röntgen- und Gammastrahlung des Spektrums.

Heute wissen wir, dass alle Farbtöne, die für das menschliche Auge wahrnehmbar sind, nur etwa 0,0035 Prozent des elektromagnetischen Spektrums ausmachen. Dieses Spektrum umfasst Frequenzen von mindestens 27 Größenordnungen. Extrem niederfrequente Radiowellen haben Frequenzen von mehreren Hertz und eine Wellenlänge von ungefähr 100 000 Kilometern, während die Gammastrahlung am anderen Ende des Spektrums Frequenzen von bis zu 4×10^{27} Hertz haben kann und eine Wellenlänge, die kürzer ist als ein Pikometer (ein Billionstel Meter).

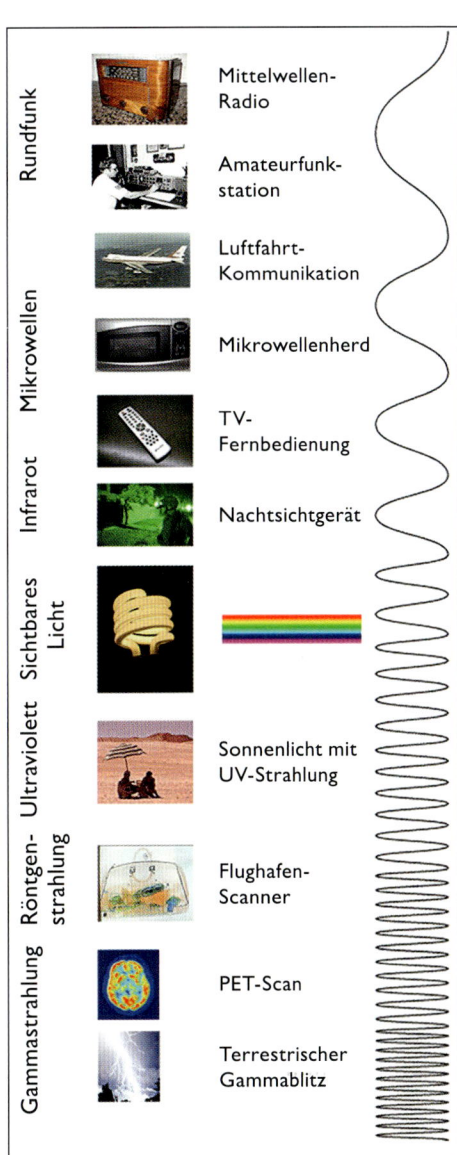

links: James Watson und Francis Crick mit einem Modell der Doppelhelix-Struktur der DNA (1953)

oben: Das elektromagnetische Spektrum

HENRI BECQUEREL

HENRI BECQUEREL (1844–1908) WAR WAHRSCHEINLICH NICHT DER ERSTE, DER EIN PHÄNOMEN BEOBACHTET HATTE, DAS SPÄTER UNTER DEM BEGRIFF RADIOAKTIVITÄT BEKANNT WURDE, ABER SEINE ARBEIT REGTE MARIE UND PIERRE CURIE ZU IHREN FORSCHUNGEN AN.

Dabei musste alles genau zusammenpassen – Becquerel musste sich insoweit für das Phänomen interessieren, dass ihm einige Besonderheiten auffielen, aber wiederum nicht so fasziniert sein, um selbst die Forschungen dazu fortführen zu wollen. Henri Becquerel war sowohl in wissenschaftlicher als auch in wirtschaftlicher Hinsicht privilegiert. Er stammte aus einer wohlhabenden Familie und hatte die besten Schulen besucht. Sein großes Interesse galt unter anderem der Phosphoreszenz, dem relativ langsamen Freisetzen von Licht bei Stoffen, die zuvor dem Licht ausgesetzt waren – heute kennen wir diesen Effekt beispielsweise von im Dunklen leuchtenden Spielzeugen.

Als Becquerel von der Entdeckung der Röntgenstrahlung erfuhr, begann er zu untersuchen, ob sie mit dem Phänomen der Phosphoreszenz in Verbindung stehen könnte. Vielleicht würden bestimmte Materialien wie Uransalze nicht nur sichtbares Licht abgeben, sondern auch Röntgenstrahlen, wenn sie zuvor von einer Energiequelle wie dem Sonnenlicht »aufgeladen« wurden. Um seine Hypothese zu testen, setzte Becquerel Uransalze der Sonne aus und deponierte sie auf geschützten fotografischen Platten, die sie dann belichten sollten.

Alles deutete darauf hin, dass Uran tatsächlich eine Form von durchdringender Strahlung abgab, wie Röntgen sie beschrieben hatte. Während einer Schlechtwetterphase, als Becquerel die Uransalze nicht dem Sonnenlicht aussetzen konnte, stellte er einige Tage später überrascht fest, dass die Fotoplatten trotzdem belichtet worden waren. Das ließ darauf schließen, dass es sich bei der Strahlung der Uransalze nicht um gespeicherte Sonnenenergie handelte, sondern um eine Energie, die vom Uran selbst ausging.

Obwohl Becquerel 1896 und 1897 insgesamt neun Aufsätze über dieses neue Phänomen veröffentlichte, scheint er 1898 das Interesse daran verloren zu haben. Das lag vielleicht auch daran, dass die Ergebnisse der Kathodenstrahl-Röhre von Röntgen eine stärkere Form des gleichen Effekts in viel kürzerer Zeit lieferten. Obwohl Becquerel zum grundlegenden Verständnis der Radioaktivität beigetragen hatte, sollte er nun seiner Doktorandin Marie Curie erlauben, sich des Problems anzunehmen.

Als Pierre und Marie Curie später Radium isolierten, verwahrte Becquerel eine kleine Menge des neuen Elements in einem Reagenzglas in seiner Westentasche. Zu seiner Überraschung zeigten sich Verbrennungen auf der Haut, genau dort, wo er das Radium aufbewahrte. Als Pierre davon erfuhr, setzte er seinen Arm absichtlich für einige Stunden dem Radium aus, und es kam zu ähnlichen Verbrennungen, die Monate brauchten, bis sie wieder verheilt waren. Beobachtungen, die später zur Verwendung von Radioisotopen beispielsweise in der Krebsbehandlung führten.

Henri Becquerel

EINE FAMILIE VON WISSENSCHAFTLERN

Henri Becquerel wurde in eine Familie bedeutender Wissenschaftler hineingeboren. Sein Großvater Antoine César Becquerel (1788–1878) war ein Pionier der Erforschung der Elektrizität, entwickelte die Elektrolyse zur Gewinnung von Metallen aus Erz und veröffentlichte wichtige Studien über Lumineszenz. Er war Professor für Physik am Naturhistorischen Museum, wurde als Fellow in die Royal Society aufgenommen, und sein Name ist einer der

Edmond Becquerel

72 Namen, die auf einem Fries des Eiffelturms eingraviert sind.

Becquerels Vater Edmond (1820–1891) arbeitete mit seinem Vater zusammen am Photovoltaischen Effekt, auch Becquerel-Effekt genannt, der sich mit der Umwandlung von Lichtenergie in Elektrizität beschäftigt – heute eines der grundlegenden Prinzipien der Solarenergie. Er wurde ebenfalls Physikprofessor am Naturhistorischen Museum, und sein Werk über Licht, seine Ursachen und Wirkungen wurde auf Jahre hinaus zum Standardwerk.

Antoine Becquerel

Obgleich Becquerel das Studium der Radioaktivität größtenteils aufgegeben hatte, sollte er
sich dafür später den Nobelpreis mit Pierre und
Marie Curie teilen. Er leistete auch weiterhin
Bedeutendes: Zum Beispiel konnte er beweisen,
dass Betastrahlung das gleiche Masse-zu-Ladung-
Verhältnis hat wie Elektronen, oder dass Uran im
Lauf der Zeit an Radioaktivität verliert, was wiederum zu der Entdeckung führte, dass die Radioisotopen in nicht-radioaktive Formen zerfallen.

Ein starker Antrieb für die wissenschaftliche
Beschäftigung der Curies mit dem Phänomen der
Radioaktivität ging vom irischen Physiker William Thomson (1824–1907) aus, besser bekannt
als Lord Kelvin. Während sich Becquerel darauf
konzentriert hatte, welche Auswirkungen Uran
auf die fotografischen Platten hatte, untersuchte
Kelvin die Fähigkeit von Uran, Luft zu elektrifi-
zieren. Wenig später, während der Forschungsarbeiten für ihre Dissertation, versuchte Marie
Curie deshalb nicht, eine neue Form von Strahlung zu identifizieren, sondern die Stärke eben
dieses Effekts so präzise wie möglich zu messen.

Natürlich war sie nicht die Einzige, die sich
mit diesen Phänomenen beschäftigte. Der neu-
seeländische Physiker Ernest Rutherford (1871–
1937) zum Beispiel, später auch Vater der
Nuklearphysik genannt, forschte an der McGill-
Universität in Kanada intensiv über Radioaktivität und erhielt 1908 für seine »Untersuchungen
über den Zerfall der radioaktiven Elemente und
die Chemie radioaktiver Substanzen« den Nobelpreis für Chemie. 1902 beschrieb er in einem
Brief an seine Mutter den Druck, unter dem er
und seine Kollegen arbeiteten:

Ich muss mich ranhalten, weil mir dauernd andere
Leute auf den Fersen sind. Meine gegenwärtige
Arbeit muss ich so rasch wie möglich publizieren,
um am Ball zu bleiben. Die besten Läufer auf dieser
Forschungsstrecke sind Becquerel und die Curies.

Lord Kelvin

Eine von Becquerels fotografischen Platten,
die Uransalzen ausgesetzt war

Doch seine wichtigste wissenschaftliche Leistung erbrachte Rutherford erst nach dem Nobelpreis: 1911 stellte er das Rutherfordsche Atommodell vor. Nach seiner These umkreisen negativ geladene Elektronen einen positiv geladenen Atomkern. Marie Curie unterschied sich ganz wesentlich von dieser Art von Wissenschaftlern. Ihr ging es weniger darum, Theorien zu entwickeln oder Modelle zu entwerfen, sondern sie war stärker darauf fokussiert, aufgrund von Experimenten praktische Forschungsergebnisse zu erzielen.

Ernest Rutherford

DIE GEBURT VON IRÈNE

IN DEN FRÜHEN JAHREN IHRER EHE ÜBERNAHM MARIE CURIE SOWOHL DIE ROLLE DER HAUSFRAU ALS AUCH DIE DER WISSENSCHAFTLERIN.

Mangels Kühlschränken musste man jeden Tag auf dem Markt einkaufen gehen, eine Pflicht, die Marie morgens als Erstes erledigte. Sie kochte und kümmerte sich um den Haushalt. Zum Glück legten sie selbst und auch Pierre wenig Wert auf Inneneinrichtung und dergleichen – das machte Vieles einfacher.

Es sei für Marie als Hausfrau enorm wichtig gewesen, nicht die Demütigung zu erfahren, von ihrer Schwiegermutter aufgrund ihrer Kochkünste oder Haushaltsführung kritisiert zu werden, berichtete Jahrzehnte später Maries Tochter Ève. Um Zeit zu sparen, bereitete Marie manchmal sehr einfache Gerichte zu und hin und wieder ließ sie das Essen einfach den ganzen Tag bei niedriger Hitze auf dem Herd stehen. Die zwei, drei Stunden, die sie täglich für den Haushalt brauchte, ließen ihr ungefähr acht Stunden Zeit für ihre Wissenschaft.

1897, im zweiten Jahr ihrer Ehe, wurde Marie schwanger. Sie wünschte sich ein Kind, aber die Schwangerschaft schränkte ihre Arbeitsfähigkeit bald stark ein. Im März dieses Jahres schrieb sie an eine Kusine:

Ich war in der letzten Zeit sehr leidend, was mir Energie und einen freien Kopf genommen hat. Ich bekomme ein Kind, und das macht sich empfindlich bemerkbar. Seit mehr als zwei Monaten habe ich Schwindelanfälle, und zwar von morgens bis abends. Ich bin sehr schwach und müde, und obwohl ich nicht schlecht aussehe, bin ich unfähig zu arbeiten und auch psychisch in schlechtem Zustand. Das ist umso störender, als meine Schwiegermutter schwer krank ist.

Pierres Mutter hatte Brustkrebs im fortgeschrittenen Stadium. Für Pierre und besonders für Marie war es ziemlich belastend, dass die Freude über das Kind getrübt werden könnte, vor allem wenn dessen Geburt mit dem Tod der Schwiegermutter zusammenfallen sollte. Im Sommer beschlossen sie, dass Marie an die Küste reisen sollte. Pierre blieb zurück, um seinen Unterrichtspflichten nachzukommen und sich zusammen mit seinem Vater um die Mutter zu kümmern.

Tochter Irène kam im September zur Welt. Dr. Curie, der Schwiegervater, begleitete die Geburt, bei der Marie kaum einen Ton von sich gegeben haben soll. Wegen der Krankheit ihrer Schwiegermutter hatte niemand aus der Familie Marie unterstützen können, und nach der Geburt ihres Kindes war sie gezwungen, eine Hilfe einzustellen, was die Ausgaben der Familie nach oben trieb. Nur zwei Wochen nach der Geburt des Kindes starb Maries Schwiegermutter.

Marie sah sich nun einer Mehrfachbelastung ausgesetzt: sie musste ihre wissenschaftliche

Pierre, Irène und Marie Curie (um 1902)

Laufbahn, ihre Ehe und ihre neue Rolle als Mutter unter einen Hut bringen. In einem Brief schrieb sie:

Ich stille meine kleine Prinzessin noch, aber neulich fürchteten wir, dass ich es nicht fortsetzen könnte. Irènes Gewicht war plötzlich zurückgegangen. Sie sah schlecht aus, war matt und apathisch. Seit einigen Tagen geht es besser. Wenn das Kind normal zunimmt, werde ich weiter stillen. Wenn nicht, werde ich eine Amme nehmen, obwohl ich darüber sehr traurig wäre. Und trotz der Ausgabe: Um nichts in der Welt würde ich die Entwicklung meines Kindes schädigen wollen.

Trotzdem musste sie das Stillen bald aufgeben und eine Amme engagieren. Sie begann ein Notizheft zu führen, in dem sie alle nennenswerten Ereignisse im Leben ihrer Tochter festhielt, etwas, das sie auch nach der Geburt ihrer zweiten Tochter Ève fortführte. Sie notierte Irènes Gewicht, vermerkte ihre ersten Krabbelversuche und den ersten Milchzahn.

Jahre später gab Marie zu, dass sie nicht einmal ansatzweise daran gedacht habe, ihre wissenschaftliche Arbeit aufzugeben. Sie schrieb:

Solch ein Verzicht wäre sehr schmerzhaft für mich gewesen, und mein Mann hätte ebenfalls keinen Gedanken daran verschwendet; gewöhnlich sagte er, er habe eine Frau bekommen, die speziell dafür gemacht sei, all seine Beschäftigungen mit ihm zu teilen. Gewiss, wir brauchten eine Amme, dennoch kümmerte ich mich selbst um alle Einzelheiten der Kinderpflege. Während ich im Labor war, war das Kind in der Obhut des Großvaters. Er liebte es zärtlich, und es erhellte wiederum sein Leben. So ermöglichte es mir der enge Zusammenhalt in unserer Familie, meinen Verpflichtungen nachzukommen. Nur bei außergewöhnlichen Ereignissen wurde es schwierig, zum Beispiel wenn das Kind krank war und schlaflose Nächte unser Leben beeinträchtigten.

Es war ein Glücksfall, dass sich Pierres gerade verwitweter Vater anbot, der Familie in dieser Situation zu helfen. Bald zog er zu ihnen, übernahm den Großteil der Verantwortung für das Aufziehen seines Enkelkindes und verschaffte Marie damit die nötige Zeit, ihre Arbeit fortzusetzen. Dazu gehörte ihre erste Veröffentlichung über die magnetischen Eigenschaften von Metallen. Erst dann konnte sie ihre Aufmerksamkeit ganz auf ihre Doktorarbeit richten. Sie brauchte nur noch ein Thema.

oben: Pierre, Irène und Marie Curie

links: Eugène Curie in den frühen 1900er-Jahren

RADIUM UND POLONIUM

BECQUEREL HATTE GEZEIGT, DASS DIE URANSTRAHLUNG FOTOGRAFISCHE PLATTEN BELICHTEN KONNTE, ÄHNLICH WIE DAS SICHTBARE LICHT. ER WIES AUCH NACH, DASS DIESE FÄHIGKEIT BEI URAN MINDESTENS MEHRERE MONATE LANG ANDAUERTE.

Ein Curie-Quarz-Piezo-Elektrometer

Heute wissen wir, dass ein Isotop des Elements, Uran 235, eine Halbwertzeit von ungefähr 700 Millionen Jahren hat und dass die Halbwertzeit von ungefähr 99 Prozent des gesamten Urans auf der Erde, Uran 238, sogar 4,5 Milliarden Jahre beträgt.

Marie und Pierre Curie ergriffen die Gelegenheit, diese »ganz neue Frage« zu untersuchen, über die noch nichts publiziert worden war. Die Frage war nur wo? Pierre erhielt vom Direktor seiner Hochschule die Erlaubnis, einen verglasten Raum im Erdgeschoss dafür zu benutzen. Um die Ionisation der Luft durch Uran zu messen, verwendeten die Curies eine Apparatur aus drei Teilen: einem Curie-Elektrometer, einem piezoelektrischen Quarzkristall und einer Ionisationskammer.

In ihren Beobachtungen, die Marie in einem von Pierres Laborbüchern festhielt, stellte sie fest, dass sie den Grad der Strahlung, die das Uran abgab, ganz genau messen konnte, und dass die Strahlung konstant blieb, auch wenn das Uran mit anderen Elementen kombiniert und Licht- und Temperaturschwankungen ausgesetzt wurde. Marie testete auch eine ganze Reihe weiterer chemischer Elemente und fand heraus, dass nur von Thorium eine ähnliche Strahlung ausging. Um diese Eigenschaft zu beschreiben, prägte Marie den Ausdruck »Radioaktivität«.

PECHBLENDE

Die Curies beschlossen, sich auf Pechblende zu konzentrieren, ein Uranerz, das heute als Uranitit bezeichnet wird. Es schien mindestens vier Mal so radioaktiv zu sein wie Uran selbst. Pechblende fiel zum Beispiel beim Silberbergbau an, das »Pech« im Namen deutet auf seine schwarze Farbe hin. Uran selbst ist ein graues Metall von hoher Dichte und besitzt das höchste Atomgewicht aller Elemente.

Die Herangehensweise der Curies war methodisch elegant, aber mit ungeheuren Anstrengungen verbunden: Sie zerlegten Pechblende in seine chemischen Elemente und maßen deren Radioaktivität. Mit jeder weiteren Trennung wies das radioaktive Element eine stärkere Konzentration und damit eine stärkere Radioaktivität auf. Doch mit fortschreitender Arbeit erkannten sie, dass an diesem Prozess zwei Elemente beteiligt sein mussten: eines, das an Bismut, und eines, das an Barium gebunden war.

Jedes der beiden Elemente schien Hunderte Male radioaktiver zu sein als Uran, und sie vermuteten, dass sie beide in ihrer reinen Form würden isolieren müssen. Doch weil die Konzentration der Elemente jeweils so niedrig war, würden sie dazu wesentlich größere Mengen an Pechblende benötigen, als ihnen zur Verfügung stand. Außerdem würden sie viel mehr Platz zum Arbeiten brauchen, am besten in einem gut belüfteten Raum, denn das Erhitzen der Pechblende setzte giftige Gase frei.

Pierre löste das Raumproblem, indem er ihnen eine große, spärlich ausgestattete Halle beschaffte, die zuvor von Medizinstudenten als Sektionssaal genutzt worden war. Pechblende, ein Abfallprodukt der böhmischen Silbermine Sankt Joachimsthal, konnten sie von dort tonnenweise beziehen. Dort galt es als wertlos, und man lagerte es am Rande eines Kiefernwaldes in der Nähe ab. Für die Curies waren die Säcke mit »braunem, mit Kiefernnadeln vermischtem Staub« ein Gottesgeschenk.

Zu ihrer Überraschung fanden die Curies heraus, dass noch mehr Mineralien radioaktiv waren und dass Verbindungen, die Uran enthielten, einen höheren Grad an Radioaktivität auswiesen, als es nach ihrem Urangehalt zu erwarten gewesen wäre. Marie stellte die These auf, dass diese Mineralien winzige Mengen eines oder mehrerer bisher noch unbekannter radioaktiver Elemente enthielten. Pierre, von dieser Vorstellung fasziniert, beendete seine Arbeit zur Kristallforschung und begann mit Marie zusammenzuarbeiten.

Sie teilten sich die Arbeit auf: Pierre konzentrierte sich darauf, die physikalischen Eigenschaften der neuen Elemente zu beschreiben, und Marie fuhr fort, sie in reiner Form herzustellen. Es stellte sich heraus, dass Radium in Pechblende in einer Konzentration von etwa einem siebtel Gramm pro Tonne vorhanden ist. Ihre Arbeit ähnelte der Suche nach der Nadel im Heuhaufen – außer dass die Elemente, die sie suchten, irgendwo tief in den Erzen enthalten waren. Marie beschrieb ihre Arbeit folgendermaßen:

Ich habe bis zu 20 Kilo Substanz auf einmal verarbeitet. Wir mussten in unserem Schuppen riesige Behälter aufstellen, die Flüssigkeiten und Boden-

Une nouvelle découverte. — Le Radium
M. ET Mᵐᵉ CURIE DANS LEUR LABORATOIRE

satz enthielten. Diese Behälter von einer Stelle zur anderen zu tragen und deren Inhalt umzugießen, war eine kräftezehrende Arbeit. Auch das stundenlange Kochen dieser Massen und das unaufhörliche Rühren mit einem Eisenstab ermüdeten mich.

Die Curies suchten Namen für die Elemente aus, denen sie auf der Spur waren. Das erste nannten sie Polonium, nach Maries Vaterland, das zweite Radium. Im weiteren Verlauf von Maries Arbeit wurde klar, dass Radium leichter zu isolieren sein würde als Polonium, also konzentrierten sie sich darauf. Dabei freuten sie sich besonders, als sie entdeckten, dass konzentriertes Radium phosphoreszierend war – es strahlte schwach bläulich, und zwar ohne dass man es erhitzte.

In Wirklichkeit war das, was die Curies isoliert hatten, kein Radium, sondern Radiumchlorid.

Radium im reinen, metallischen Zustand isolierte Marie zusammen mit André-Louis Debierne (1874–1949) erst einige Jahre später (1911) mittels Elektrolyse. 1898 schlossen die beiden die Arbeit an der Isolierung von Radiumchlorid ab und veröffentlichten in den folgenden Jahren ihre Forschungsberichte, die sie 1900 auch auf dem internationalen Physikerkongress in Paris vorstellten.

Obwohl die Arbeit sehr anstrengend war, schien Marie so glücklich zu sein wie selten. Sie schrieb:

In unserer armseligen Halle herrschte tiefe Ruhe; manchmal, wenn wir irgendeine Prozedur überwachten, gingen wir auf und ab und sprachen von der gegenwärtigen und zukünftigen Arbeit; wenn uns kalt war, stärkten wir uns mit einer Tasse heißen Tees, die wir beim Ofen einnahmen. Wir lebten wie in einem Traum, der von der einen, einzigen Sache erfüllt war.

Radium-Uhrzeiger bei ultraviolettem Licht

links: Pierre und Marie Curie in ihrem Laboratorium

SCHWIERIGE JAHRE

IN DEN LETZTEN JAHREN DES 19. UND DEN ERSTEN DES 20. JAHRHUNDERTS MACHTEN DIE CURIES EINE HARTE UND ENTBEHRUNGSREICHE ZEIT DURCH.

Ein großes Problem war ihre finanzielle Situation. Pierres mageres Gehalt deckte gerade so die Ausgaben, und nach Irènes Geburt blieb ihnen der finanzielle Ruin nur erspart, weil sie ab und zu Preise für ihre Forschungen verliehen bekamen. Marie zum Beispiel erhielt drei Mal den Prix Gegner, der mit einem Stipendium von mehreren Tausend Franc verbunden war.

Pierre erlebte immer wieder Enttäuschungen. 1898 bewarb er sich um den Pariser Lehrstuhl für Physikalische Chemie, aber ihm fehlten die üblichen Referenzen der Akademie der Wissenschaften, und weite Teile seiner wissenschaftlichen Arbeit lagen außerhalb der Grenzen dieser Disziplin. Pierre schien die Fähigkeit zur Eigenwerbung zu fehlen, während er gleichzeitig die politischen Aspekte des akademischen Lebens absolut abstoßend fand. Um über die Runden zu kommen, nahm er eine zweite Stelle als Tutor an der Hochschule für Industrielle Physik und Chemie an.

1900 erhielt er ein unerwartetes Angebot der Universität Genf für einen Lehrstuhl in Physik. Im Gegensatz zu den etwa 5000 Franc, die er in Paris verdiente, sollte er hier 10000 Franc pro Jahr bekommen, dazu ein Labor, das nach seinen Angaben eingerichtet würde, sowie zwei Assistenten in Vollzeit. Darüber hinaus sollte Marie dort ebenfalls eine Stellung bekommen. Pierre nahm das Angebot an, und im Sommer reisten er und Marie nach Genf.

Im Spätsommer jedoch entschied er sich anders und lehnte ab. Der Umzug wäre mit erheblichen Belastungen verbunden gewesen. Er hätte sein gesamtes Lehrprogramm umstellen müssen, und er und Marie wären gezwungen gewesen, ihre Forschungen an Radium und Polonium über Monate hinweg zu unterbrechen. Stattdessen blieben die beiden in Paris, wo man Pierre nun an der Sorbonne eine besser bezahlte Stellung anbot, während Marie an einer Mädchenoberschule in der Nähe von Versailles Physik unterrichtete. Obwohl ihnen ein Lehrstuhl versagt blieb, entspannten sich ihre finanziellen Verhältnisse nun erheblich.

1902 bewarb sich Pierre erneut um eine Professur an der Sorbonne, diesmal in Mineralogie. Seine wichtigen Veröffentlichungen im Bereich Kristalle, darunter der piezoelektrische Effekt, verlieh seiner Kandidatur beachtliches Gewicht. Sein Bruder Jacques bekleidete schließlich den Lehrstuhl in Montpellier. Doch Pierre war kein Absolvent französischer Eliteschulen, und ihm fehlte die entsprechende Unterstützung. Wieder ging der Lehrstuhl an einen anderen Kandidaten.

Pierre und Marie Curie in ihrem Laboratorium (1900)

NOMINIERUNGEN

Vielleicht war es ja als eine Art Trost gedacht: Pierre wurde als Kandidat für die französische Akademie der Wissenschaften vorgeschlagen. Das Protokoll sah vor, dass die Kandidaten bei jedem Mitglied vorsprechen und um dessen Stimme bitten sollten. Dieses Procedere, so berichtete ein Journalist später, verursachte großes Unbehagen bei Pierre:

Treppen steigen, klingeln, sich anmelden lassen, sagen, weshalb man gekommen sei, schon allein das beschämte den Kandidaten wider Willen; dann aber musste er sein eigenes Loblied singen, sein Wissen, seine Arbeiten hervorheben – und dies ging augenscheinlich über seine Kräfte. Daraufhin lobte er seinen Konkurrenten aufrichtig und ausführlich, indem er betonte, dass der ungleich geeigneter sei, in das Institut aufgenommen zu werden als er selbst!

Natürlich wurde er nicht aufgenommen. Als Nächstes schlug man Pierre als Mitglied für die Ehrenlegion vor. Derjenige, der ihn nominiert hatte, bat Marie sogar sehr eindringlich darum, »ihren ganzen Einfluss geltend zu machen, ihn daran zu hindern abzulehnen«. Pierres Antwort sagte alles: »Wollen Sie die Güte haben, dem Herrn Minister zu danken und ihm mitzuteilen, dass ich nicht das mindeste Bedürfnis habe, einen Orden zu bekommen, aber unbedingt ein Laboratorium brauche.«

Das Einzige, was Pierre interessierte, war seine Arbeit.

Das Collège Mazarin, Sitz der Akademie der Wissenschaften

Die Gesundheit der Curies begann unter der harten Arbeit zu leiden. Pierre wurde zeitweilig von solchen Schmerzen in den Beinen geplagt, dass er im Bett bleiben musste. Marie verlor an Gewicht – ihren eigenen Notizen zufolge hatte sie 15 Pfund abgenommen. Ein Kollege, alarmiert durch das veränderte Aussehen Maries, empfahl Pierre dringend dafür zu sorgen, dass Marie sich mehr ausruhte und besser aß, was er auch für Pierre ratsam fände.

Als ich Madame Curie in der Société de Physique sah, war ich von ihrem veränderten Aussehen betroffen. Ich weiß sehr gut, dass sie gegenwärtig überarbeitet ist … Durch das ausschließlich der geistigen Arbeit gewidmete Leben, das Sie beide führen, hat sie nicht genügend Abwehrkräfte … Sie müssen damit aufhören, jeden Augenblick Ihres Lebens mit Ihrer wissenschaftlichen Arbeit zu vermischen. Sie müssen dem Körper eine Atempause gönnen und sich zum Beispiel in Ruhe zum Essen setzen. Während Sie essen, dürfen Sie keine Fachbücher lesen oder über Physik sprechen.

Auch Maries Vater ging es gesundheitlich nicht gut. Er lebte nach wie vor in Polen und verfolgte die Entdeckungen seiner Tochter aus der Ferne mit. 1902, kurz nachdem ihn die Nachricht erreicht hatte, dass es Marie gelungen war, Radium zu isolieren, erlitt er eine Gallenkolik, wurde operiert und starb wenige Tage später. Als Marie vom schlechten Gesundheitszustand ihres Vaters erfahren hatte, stieg sie sofort in den nächsten Zug, kam aber zu spät.

Im Mai 1903 wurde die Dissertation, an der sie fünf Jahre gearbeitet hatte, an der Sorbonne angenommen, einen Monat später fand die mündliche Verteidigung statt. Wie der Zufall es wollte, war Ernest Rutherford genau zu dieser Zeit in Paris und besuchte das Labor der Curies, nur um festzustellen, dass Marie soeben das Rigorosum ablegte. Im Anschluss konnten sie aber gemeinsam zu Abend essen, und Rutherford erinnerte sich später an die fantastisch schimmernde Ampulle mit Radium, die Pierre nach dem Essen vorzeigte.

Als Marie ihre Doktorarbeit verteidigte, freute sie sich auf ein weiteres schönes Ereignis: die Geburt ihres zweiten Kindes. Doch im August erlitt sie im fünften Monat eine Fehlgeburt. Voller Trauer schrieb sie an Bronia:

Der Gedanke an dieses Kind war mir so vertraut geworden, dass ich vollkommen verzweifelt und untröstlich bin … Ich habe meinem Organismus zu viel zugemutet und nun bereue ich es bitter, denn ich musste es teuer bezahlen. Das Kind, ein kleines Mädchen, war in gutem Zustand und lebte. Und ich hatte es mir so sehr gewünscht.

Bald darauf kamen schlechte Nachrichten aus Polen: Bronias kleiner Sohn war an Meningitis gestorben. Marie schrieb, dass sie auch Angst um ihr kleines Mädchen hatte.

Ihr Gesundheitszustand blieb noch viele Monate lang schlecht. Doch das Jahr sollte mit einem Paukenschlag zu Ende gehen: der große Preis aus Stockholm wurde verkündet.

Das Titelblatt von Marie Curies Dissertation

Série A, Nº 445
Nº D'ORDRE
1127.

THÈSES

PRÉSENTÉES

A LA FACULTÉ DES SCIENCES DE PARIS

POUR OBTENIR

LE GRADE DE DOCTEUR ÈS SCIENCES PHYSIQUES,

PAR

Mme SKLODOWSKA CURIE.

1re THÈSE. — RECHERCHES SUR LES SUBSTANCES RADIO-ACTIVES.

2e THÈSE. — PROPOSITIONS DONNÉES PAR LA FACULTÉ.

Soutenues le   juin 1903, devant la Commission d'Examen.

MM. LIPPMANN, *Président.*
BOUTY,
MOISSAN, } *Examinateurs.*

PARIS,

GAUTHIER-VILLARS, IMPRIMEUR-LIBRAIRE
DU BUREAU DES LONGITUDES, DE L'ÉCOLE POLYTECHNIQUE,
Quai des Grands-Augustins, 55.

1903

DER NOBELPREIS

ALFRED NOBEL (1833–1896), EIN SCHWEDISCHER CHEMIKER, INGENIEUR UND INDUSTRIELLER, STIFTETE DEN NACH IHM BENANNTEN PREIS.

Alfred Nobel

Nobel wurde in Stockholm als drittes von acht Kindern eines verarmten Erfinders geboren. Nachdem der Vater mit verschiedenen Projekten gescheitert war, zog die Familie nach Sankt Petersburg, wo er Rüstungsgüter produzierte und die Familie zu Wohlstand gelangte. Alfred erhielt eine erstklassige Erziehung und schloss sein Studium hervorragend ab.

1888 starb sein Bruder Ludvig, doch einige Zeitungen nahmen irrtümlich an, es handle sich um Alfred und veröffentlichten Nachrufe auf ihn. Negative Überschriften wie »Der Kaufmann des Todes ist tot« schockierten Nobel zutiefst und überzeugten ihn davon, der Nachwelt ein anderes Vermächtnis hinterlassen zu wollen. Da er weder verheiratet war noch Kinder hatte, entschied er sich, den Großteil seines Vermögens in eine Stiftung einzubringen, die den Nobelpreis vergeben sollte. Daraufhin wurde er 1901 zum ersten Mal verliehen.

Seinem Testament zufolge sollten drei Preise für Beiträge in der Naturlehre (Physik), Chemie und Physiologie oder Medizin vergeben werden, der vierte für Literatur. Vor allem der fünfte Preis sollte seinem Ruf als der Mann, der mehr als jeder andere dazu beigetragen hatte, viele Menschen auf einmal töten zu können, entgegenwirken: Der Friedensnobelpreis sollte demjenigen zuteilwerden, der sich besonders um die Verbrüderung der Völker, die Verkleinerung stehender

EINE EXPLOSIVE KARRIERE

Als junger Mann entwickelte Nobel großes Interesse an Nitroglyzerin, einem wirksamen, aber aufgrund seiner Instabilität hochriskanten Sprengstoff. Nobel experimentierte mit Zünder und Sprengkapsel und entwickelte die Initialzündung. 1864 kam sein jüngerer Bruder Emil aufgrund einer Explosion bei Experimenten mit Nitroglyzerin ums Leben. Drei Jahre später erfand Nobel einen neuen Sprengstoff, das Dynamit, das die gleiche ungeheure Sprengkraft hatte wie Nitroglyzerin, aber weitaus sicherer in der Handhabung war. Später kamen noch weitere Sprengstoffe wie Sprenggelatine hinzu.

Zwei seiner Brüder, Ludwig und Robert – gelegentlich auch die »russischen Rockefellers« genannt –, waren in Russland geblieben und mit Öl zu Reichtum gekommen. Nobels Investitionen in ihre Unternehmen erbrachten stattliche Erträge. Darüber hinaus besaß Nobel beinahe hundert Rüstungs- und Dynamit-Werke auf der ganzen Welt und hatte im Laufe seines Lebens mehr als 350 Patente erworben, was zusammengenommen ein beträchtliches Vermögen ergab.

oben: Alfred Nobel als junger Mann

links: Das Testament Alfred Nobels

oben: Nobelpreis-
Medaille

links: Maries
Schwiegersohn
Henry Labouisse Jr.,
der 1965 den
Friedensnobelpreis
für UNICEF
entgegennahm

Heere und den Fortbestand des Friedens verdient gemacht hatte.

Seither sind beinahe tausend Menschen und Organisationen mit dem Nobelpreis ausgezeichnet worden, und nur eine Handvoll haben mehr als einen erhalten. Linus Pauling (1901–1994) wurde sowohl ein Nobelpreis in Chemie als auch der Friedensnobelpreis verliehen. John Bardeen (1908–1991) bekam zwei Nobelpreise für Physik, zwei Nobelpreise für Chemie gingen an Frederick Sanger (1918–2013).

Zwei Organisationen haben den Friedensnobelpreis mehrfach erhalten: 1917, 1944 und 1963 wurde das Internationale Komitee des Roten Kreuzes ausgezeichnet, das UNHCR, das Hochkommissariat der Vereinten Nationen für Flüchtlinge, erhielt ihn 1954 und 1981. Maries

Schwiegersohn Henry Labouisse Jr. (1904–1987), der mit ihrer jüngeren Tochter Ève verheiratet war, nahm 1965 den Friedensnobelpreis an UNICEF, das Kinderhilfswerk der Vereinten Nationen, entgegen.

Keine Familie hat mehr Nobelpreise bekommen als die Curies. Pierre und Marie bekamen 1903 den Nobelpreis für Physik, acht Jahre später erhielt Marie einen weiteren in Chemie. Bisher haben überhaupt nur zwei Personen je einen Nobelpreis in verschiedenen Naturwissenschaften gewonnen. Maries Tochter Irène und ihrem Mann Frédéric Joliot-Curie (1900–1958) wurde der Chemie-Nobelpreis für ihre Entdeckung zuerkannt, dass sich radioaktive Isotope von chemischen Elementen auch künstlich herstellen lassen.

NOBELPREISTRÄGER

ALS 1903 VIER MITGLIEDER DER FRANZÖSISCHEN AKADEMIE DER WISSENSCHAFTEN
AN DIE SCHWEDISCHE AKADEMIE SCHRIEBEN, UM KOLLEGEN FÜR DEN NOBELPREIS
VORZUSCHLAGEN, NANNTEN SIE NUR ZWEI NAMEN:
HENRI BECQUEREL UND PIERRE CURIE.

Maries Name wurde nicht erwähnt, möglicherweise weil die Vorschlagenden dachten, sie mit auf die Liste zu setzen, würde die Aussichten Frankreichs auf den Nobelpreis gefährden. Zweifellos kannten sie Maries Leistungen ganz genau, denn einer von ihnen, Gabriel Lippmann, war einer ihrer wichtigsten Mentoren gewesen.

Zum Glück schrieb ein einflussreiches Mitglied der Schwedischen Akademie Pierre Curie,

um ihn zu warnen, dass Marie möglicherweise nicht berücksichtigt würde. Pierre antwortete: »Wenn es stimmt, dass man tatsächlich ernsthaft an mich denkt, so wünsche ich sehr, aufgrund unserer Forschungen über radioaktive Körper gemeinsam mit Madame Curie in Betracht gezogen zu werden.« Und er fügte hinzu: »Glauben Sie nicht, dass es auch unter ästhetischen Gesichtspunkten schöner wäre, wenn wir auf diese Weise miteinander verbunden wären?«

Schließlich wurde verkündet, 1903 gehe der Nobelpreis für Physik an Henri Becquerel und Pierre und Marie Curie. Damit war Marie die erste Frau, die je einen Nobelpreis erhielt, und im Bereich der Naturwissenschaften blieb sie lange Zeit die einzige. Erst 1935 wurde ihre Tochter Irène gemeinsam mit ihrem Mann mit dem Nobelpreis für Chemie ausgezeichnet. Aus einem Brief, den Marie ein paar Tage nach der Verkündung an ihren Bruder schrieb, wird deutlich, wie neu der Nobelpreis zu dieser Zeit noch war: »Ich weiß nicht genau, wie viel es ausmacht, ich glaube, es dürften ungefähr siebzigtausend Francs sein.«

Die Berichterstattung hätte übertriebener kaum sein können.

Die französische Presse schwärmte von Marie als »junge blonde Frau von vornehmer, schlanker Gestalt« und als »reizende junge Mutter, deren zartbesaitetes Gemüt sich mit der Sehnsucht nach dem Unergründlichen verbindet«. Pierre unter-

stellte man ein absurd arrogantes Zitat: »Wer an Krebs leidet, an Lupus und Lähmungen, wird zweifellos von der Radiumstrahlung geheilt werden können… Da bin ich absolut sicher.«

Kein Wunder, dass Pierre angesichts solch plumper Lügen, die veröffentlicht wurden, unter der Last der Berühmtheit noch stärker litt als Marie. Einem Kollegen schrieb er:

Wir sind von Zeitungsschreibern und Fotografen aus aller Herren Länder verfolgt worden, die so weit gingen, die Unterhaltung unseres Töchterchens mit ihrem Kindermädchen zu veröffentlichen und unseren schwarz-weißen Hauskater zu beschreiben. Zudem haben wir viele Briefe und Besuche von allen möglichen Exzentrikern erhalten, von unbekannten Erfindern, von Autogrammjägern, und es gab Bettelbriefe in großer Zahl… All das bedeutet, dass es im Laboratorium keine ruhige Minute mehr gibt, man dafür aber abends eine umfangreiche Korrespondenz erledi-

oben: Marie und Pierre Curies offizielle Nobelpreis-Fotografien

links: Sitz der Königlich Schwedischen Akademie der Wissenschaften

gen muss. Bei solch einem Tagesablauf bemerke ich, wie sich allmählich Stumpfsinn in mir ausbreitet.

Jahrzehnte später beschrieb Tochter Ève das Dilemma ihrer Eltern so: Einerseits waren sie hocherfreut, dass die Schwedischen Akademie ihre Arbeit anerkannt hatte. Es bedeutete ihnen sehr viel, dass sie, neben Unmengen von Gratula-tionsschreiben, auch einige begeisterte Nachrichten von Wissenschaftlern erhielten, die sie bewunderten. Und mit den 70 000 Franc Preisgeld sollten sie für lange Zeit keine finanziellen Sorgen mehr haben.

Aber diese Phase war auch »der vielleicht kritischste Punkt ihres Lebens«. Die Curies befanden sich auf dem Höhepunkt ihrer Laufbahn, »in

Nobelpreis-Urkunde von Pierre und Marie Curie

einem Alter, in dem das Genie, von Erfahrung gestützt, sein Bestes herzugeben vermag«. Und genau in diesem Moment wurden sie zu Idolen und zur Untätigkeit gezwungen. Sie hatten Radium entdeckt und »die Welt in Erstaunen versetzt«, aber sie waren sicher, dass weitere Entdeckungen auf sie warteten, und sie wollten unbedingt ihre Arbeit fortsetzen.

Obwohl sie Großes geleistet hatten, war die Welt offenbar entschlossen, sie von weiteren Forschungen abzuhalten. Wissenschaftler aus aller Welt hatten ihnen Anerkennung gezollt, und doch gab es an der Universität von Paris immer noch keinen Lehrstuhl für Pierre. Marie wusste, dass sie sich jetzt darauf konzentrieren musste, was ihr wirklich wichtig war: ihre Aufgaben als Ehefrau, Mutter, Wissenschaftlerin und Lehrende. Die Rolle einer Prominenten lehnte sie ab.

Ève schildert eine Episode, die diesen Zwiespalt recht gut illustriert: Bei einer Abendgesellschaft mit dem französischen Präsidenten im Élyséepalast kam eine Frau auf Marie zu und fragte, ob sie sie dem König von Griechenland vorstellen solle. Sie antwortete: »Ich halte das nicht für unbedingt notwendig.« Überrascht von dem entsetzten Gesicht der Frau, begriff Marie, dass es sich um die Gattin des Präsidenten handelte. Sie wurde rot und antwortete: »Ja – ja, gewiss, ich werde tun, was Sie wünschen!«

WIDERWILLE GEGEN DIE BERÜHMTHEIT

Im Dezember 1903 waren die Curies zur Preisverleihung nach Stockholm eingeladen und sollten dort auch eine öffentliche Vorlesung halten. Wenig überraschend sagte Pierre zunächst ab, wies auf ihre Unterrichtsverpflichtungen in Paris hin und auf die angeschlagene Gesundheit seiner Frau – Marie hatte sich immer noch nicht ganz von der Fehlgeburt erholt. Der tiefere Grund jedoch war die Abneigung, die die Curies gegen derlei Feierlichkeiten und öffentliche Würdigungen hegten. Auch hätte sie eine solche Verpflichtung erneut längere Zeit von ihrem Labor ferngehalten.

Diese Aversion zeigt sich auch in Maries Brief an ihren Bruder:

Wir werden von Briefen und Besuchen von Journalisten und Fotografen überschwemmt. Man wäre froh, könnte man sich in ein Mauseloch verkriechen, um seine Ruhe zu haben. Aus Amerika kam ein Angebot, eine Reihe von Vorträgen über unsere Arbeit zu halten, zusammen mit der Frage, welche Summe wir dafür verlangen. Wie auch immer die Bedingungen sein mögen, wir haben die Absicht abzulehnen. Mit großer Mühe haben wir es geschafft, den Banketten, die man uns zu Ehren veranstalten wollte, zu entgehen.

Ironischerweise hat der Widerwille der Curies gegen ihre Prominenz die Faszination der Menschen erst recht befeuert. Im Gegensatz zu Becquerel waren sie für die breite Öffentlichkeit Unbekannte – und überaus interessant. Sie waren ein Liebespaar, sie arbeiteten zusammen unter schwierigsten Bedingungen in einem miserablen Labor. Dazu kam, Marie war eine Frau, eine Ehefrau, auch noch verheiratet mit ihrem Wissenschaftskollegen und Mutter.

RADIUM – ERSTAUNLICH, ABER TÖDLICH

RADIUM IST EIN AUSSERGEWÖHNLICHES CHEMISCHES ELEMENT. ES IST DAS SCHWERSTE ERDALKALIMETALL, UND ALLE SEINE 33 ISOTOPE SIND IN HOHEM MASSE RADIOAKTIV. IN DER FORM, IN DER ES AM HÄUFIGSTEN VORKOMMT, HAT ES EINE HALBWERTZEIT VON 1600 JAHREN – EIN RÄTSEL UND ZUGLEICH DIE ERKLÄRUNG, WARUM DIE CURIES ES IN PECHBLENDE ENTDECKTEN.

Eigentlich hätte das gesamte Radium auf der Erde schon vor langer Zeit verschwunden sein müssen. Es ist aber ein natürliches Zerfallsprodukt von Uran, das eine wesentlich längere Halbwertzeit hat. Daher ist es zusammen mit Uran in Pechblende zu finden, einem Abfallprodukt aus dem Silberbergbau.

Radium mit seinen faszinierenden wissenschaftlichen Eigenschaften beschäftigte das Interesse der Öffentlichkeit mehrere Jahrzehnte lang. Winzige Mengen davon tauchten bald in einer Vielzahl von Konsumartikeln auf, zum Beispiel in Zahnpasta, Potenzmitteln und Kosmetika wie Gesichtscreme. Durch Radium, so wurde in Anzeigen geworben, bekomme der Begriff »strahlende Schönheit« eine ganz neue, wortwörtliche Bedeutung.

Kurz nachdem man damit begonnen hatte, Radium industriell herzustellen, wurde es auch lumineszierenden Farben beigemischt, die dann auf den Zifferblättern von Armbanduhren, Luftfahrtinstrumenten und Weckern verwendet wur-

unten: Anzeige für Undark

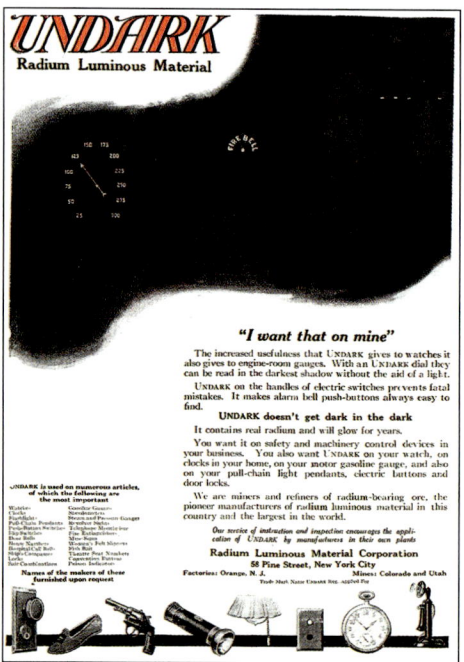

den. Die mit kleinen Mengen Radium versetzten Farben leuchteten im Dunkeln und wurden vor allem im militärischen Bereich eingesetzt. Die Werbung für eine solche Farbe, *Undark* genannt, las sich so:

Viele Hersteller haben den Wert von Undark rasch erkannt und verwenden es für Zifferblätter von Armbanduhren und Weckern, für elektrische *Drucktasten, für die Schnallen von Pantoffeln, für Hausnummern, Taschenlampen, Kompasse, Treibstoffanzeigen, Drehzahlmesser und viele andere Artikel, die Sie im Dunklen gerne sehen möchten. Wenn Sie also das nächste Mal im Dunkeln nach einem Lichtschalter suchen, sich das Schienbein an den Möbeln anschlagen oder vergeblich fragen, wie spät es wohl sein mag – dann denken Sie an Undark. Es leuchtet im Dunklen.*

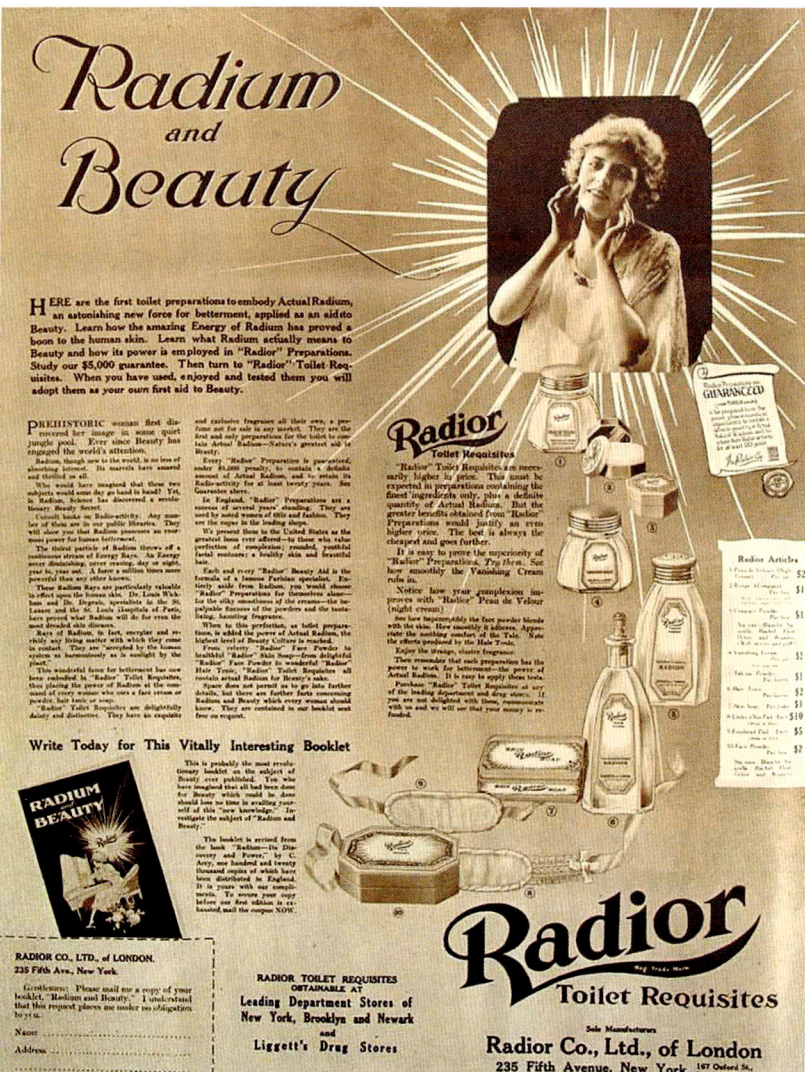

Anzeige für Schönheitsprodukte, die Radium enthalten

Für ein Unternehmen in New Jersey, die US Radium Corporation, arbeiteten 70 Frauen, die für jedes beschriftete Zifferblatt zwei Cent erhielten. Um ihre Pinsel zu spitzen, nahmen sie die Arbeiterinnen in den Mund. Zwar war das Radium relativ niedrig konzentriert, aber wenn eine Arbeiterin 250 Zifferblätter am Tag schaffte und pro Zifferblatt 15 Mal an ihrer Pinselspitze leckte, nahm sie vermutlich ein Vieltausendfaches der erlaubten Dosis auf.

Viele der jungen Frauen, die Boulevardpresse hatte sie »Radium Girls« getauft, erkrankten an Anämie, Kieferkrebs und Knochenmarkkrebs. Schließlich verklagten die Frauen ihren Arbeitgeber und warfen ihm vor, die Krankheiten seien darauf zurückzuführen, dass sie Radium ausgesetzt gewesen waren. Ihre Klage erregte umso größere Aufmerksamkeit, als der Erfinder der radiumhaltigen Farbe ähnliche Symptome ent-

wickelte und an Krebs starb. Eine Chicagoer Zeitung beschrieb die Zeugenaussage eines der Radium Girls im Verfahren:

Eine dunkelhaarige, ausgezehrte kleine Frau, auf dem Totenbett liegend, führte gestern voller Schmerz einen Pinsel an die Lippen und zeigte die qualvollen Einzelheiten der Vorgänge, durch die sie und elf andere todgeweihte Frauen das verhängnisvolle Radium in sich aufgenommen hatten. Sieben Frauen mit den gleichen Leiden saßen am Bett von Mrs Catherine Donohue, 35, Mutter von zwei Kindern, und sahen voll emotionaler Anspannung ihre Demonstration, wie die Ziffern mit Radiumfarbe auf das Ziffernblatt gemalt werden … Für Mrs Donohue und vielleicht auch andere hat diese Verhandlung keine Konsequenzen mehr. Die Ärzte haben ausgesagt, dass sie den Ausgang des Verfahrens wahrscheinlich nicht mehr erleben wird …

LEBENSELIXIER

Nicht nur die Arbeiterinnen, auch andere Mitglieder der Gesellschaft waren von den Auswirkungen von Radium betroffen. So wurde zum Beispiel ein Produkt namens Radithor als »Lebenselixier« vermarktet. Eben Byers, Geschäftsmann aus Pittsburgh, trank davon eine Flasche pro Tag, manchmal auch mehr, in der Hoffnung auf bessere Gesundheit und ein längeres Leben. Doch mit seinem Gesundheitszustand ging es bald rapide bergab, seine Haut reagierte mit Läsionen, seine Knochen zersetzten sich. Also trank er noch mehr Radithor, was seinen körperlichen Verfall weiter beschleunigte.

Byers trank im Laufe der Jahre ungefähr 1400 Flaschen davon. Als er starb, fasste es eine Zeitung mit den Worten zusammen: »Das Radium-Wasser wirkte gut, bis er seinen Unterkiefer verlor.« Wie in einer Wissenschaftszeitschrift zu lesen war, enthielt sein Leichnam die höchste Menge an Radium, die man je bei einem Menschen gemessen hatte, und er musste in einem mit Blei ausgekleideten Sarg beigesetzt werden. Der Hersteller von Radithor stellte zwar diese die Produktion ein, wandte sich aber bald anderen radiumhaltigen Produkten zu.

Vor Gericht stellte sich heraus, dass die Verantwortlichen des Unternehmens durchaus Maßnahmen ergriffen hatten, um sich selbst vor den Gefahren des Radiums zu schützen – für den Schutz ihrer Angestellten jedoch taten sie wenig. Einige kauften sogar Aussagen, um den Ruf der Klägerinnen zu schädigen, indem sie andeuteten, ihre gesundheitlichen Probleme wären auf Syphilis zurückzuführen. Letztlich siegten die Radium Girls, was unmittelbar danach die ersten US-Arbeitsschutzgesetze zur Folge hatte. Leider kam der Sieg im Verfahren zu spät.

Kein lebender Organismus benötigt Radium, aber in einigen zugelassenen, biomedizinischen Zusammenhängen ist es eingesetzt worden. Der Nobelpreisträger Thomas Hunt Morgan (1866–1945) zum Beispiel benutzte Radium, um Mutationen bei Fruchtfliegen herbeizuführen, ebenso

ein anderer Nobelpreisträger, Herman Mueller, ehe er seine Forschungen mit Röntgenstrahlung fortsetzte. Wissenschaftler am Johns Hopkins Krankenhaus verwendeten Radium in der Krebsbehandlung und pflanzten Radiumkapseln mitunter direkt in die Tumoren ein. In der heutigen Strahlentherapie verzichtet man auf radioaktive Quellen.

Die Curies bekamen es auf vielerlei Weise mit dem »Radiumfieber« zu tun. Eine amerikanische Tänzerin, die für die Lichteffekte in ihrer Show bekannt war, hatte gelesen, dass Radium phosphoreszierend sei. Um diese Effekte noch zu verstärken, wandte sie sich direkt an die Curies. Sie tanzte sogar bei ihnen zu Hause und wurde eine Freundin der Familie, trotzdem versorgten sie die Curies nie mit dem von ihr so heiß begehrten Radium.

oben: Eben Byers, amerikanischer Amateurmeister im Golf, in den 1920er-Jahren

links: Radium Girls bei der Arbeit

NACH DEM NOBELPREIS

KURZ NACHDEM PIERRE UND MARIE DEN NOBELPREIS ERHALTEN HATTEN, BOT DIE PARISER UNIVERSITÄT PIERRE ENDLICH EINEN NEU GESCHAFFENEN LEHRSTUHL FÜR PHYSIK AN. ER WAR MIT EINEM JAHRESGEHALT VON 10 000 FRANC DOTIERT, EIN LABOR ABER WURDE NICHT BEREITGESTELLT.

Pierre lehnte das Angebot ab. Um dem Zorn der Öffentlichkeit zu entgehen, dass der hochgefeierte Wissenschaftler noch immer keinen Lehrstuhl hatte, erweiterte die Universität ihr Angebot um ein Laboratorium mit drei Assistentenstellen und die Position einer wissenschaftlichen Leiterin für Marie. Nun nahm er an.

Pierre begann mit den anstrengenden Vorbereitungen für die Lehrveranstaltungen an der Sorbonne. Er musste Vorlesungen ausarbeiten, sich um die neuen Studenten kümmern, die neue Ausrüstung installieren und sich weiterhin der Heerscharen von Bewunderern annehmen. Trotz der lang ersehnten ordentlichen Professur begann Pierre zu realisieren, dass er zwar ständig beschäftigt war, doch wenig Bedeutendes erreichte. Er hatte gezeigt, welch gewaltige Energie in Radium steckte, aber es sollte Rutherford sein, der seine atomare Struktur entschlüsselte.

Pierre litt nicht nur unter den vielen neuen Pflichten, sondern auch an zunehmender körperlicher Erschöpfung. Er akzeptierte die Bedingungen für die Nobel-Vorlesung unter der Bedingung, dass sie verschoben würde, und schrieb an einen Freund:

Ich musste es aufgeben, nach Schweden zu reisen. Unsere Beziehungen zur Schwedischen Akademie sind also noch immer nicht in Ordnung. Aber, um die Wahrheit zu sagen, ich kann mich nur aufrecht halten, wenn ich physische Anstrengungen vermeide. Meiner Frau geht es ähnlich, und an die großartigen Arbeitstage von früher ist nicht mehr zu denken …

Später, 1905, fühlte er sich endlich imstande, gemeinsam mit Marie die Reise nach Stockholm anzutreten. Pierre hielt die Nobel-Vorlesung mit dem Titel »Radioaktive Substanzen unter besonderer Berücksichtigung von Radium«, während Marie im Publikum saß. Das spiegelte auch Maries aufrichtige Einschätzung ihrer jeweiligen Verdienste wider. Voller Bewunderung für ihren Ehemann schrieb sie:

Er war alles und mehr, als ich mir je erträumen konnte, als ich mich mit ihm verband. Meine Bewunderung für seine außerordentlichen Eigenschaften wuchs von Tag zu Tag. Er erschien mir manchmal wie ein fast einzigartiges Wesen in seiner Losgelöstheit von jeder eitlen Regung, von der Kleinlichkeit, die man an sich und anderen wahrnimmt und nachsichtig beurteilt, nicht ohne einem vollkommeneren Ideal zuzustreben.

In der Nobel-Vorlesung erwähnte der bescheidene Pierre die Beiträge seiner Frau zu ihrer gemeinsamen Arbeit doppelt so häufig wie seine eigenen. Er beleuchtete die möglichen Konsequenzen der Entdeckung des Radiums für eine breite Anwendung in unterschiedlichen wissenschaftlichen Bereichen, einschließlich der Chemie und der Biologie. Und in seiner Schlussbemerkung mutmaßte er, welche Rolle

DIE GEBURT DER ZWEITEN TOCHTER

Die Aussicht auf die Geburt ihres zweiten Kindes heiterte die Curies auf. Ève kam im Dezember 1904 zur Welt. Je näher der Geburtstermin rückte, desto depressiver wurde Marie, möglicherweise durch die Erinnerungen an die Fehlgeburt. Nachdem Ève aber auf der Welt war, erholte sie sich rasch. Sie versuchte gar nicht erst, das Kind zu stillen, sondern stellte gleich eine Amme ein. Im Laufe der Zeit begann sie schließlich zu vermuten, dass Irène eifersüchtig auf die Aufmerksamkeit war, die sie ihrem jüngeren Kind widmete.

Irène Curie mit ihrer jüngeren Schwester Ève

das Phänomen Radioaktivität in der Zukunft spielen würde:

Es ist anzunehmen, dass Radium in den Händen von Verbrechern sehr gefährlich werden könnte. Hier stellt sich die Frage, ob es für die Menschheit vorteilhaft ist, die Geheimnisse der Natur zu kennen, ob sie reif genug ist, sich diese Erkenntnisse nutzbar zu machen, oder ob sie ihr nicht zum Schaden gereichen. Nobels Entdeckungen sind ein charakteristisches Beispiel dafür. Die gewaltige Kraft der Sprengstoffe hat es den Menschen erlaubt, großartige Arbeit zu leisten. Doch sind sie auch ein furchtbares Instrument der Zerstörung in den Händen der großen Verbrecher, die die Völker in Kriege hetzen. Ich gehöre wie Nobel zu denen, die denken, dass die Menschheit mehr Gutes als Böses aus den neuen Entdeckungen gewinnen kann.

Vielleicht beruhten Pierres Vermutungen über die Zukunft der Radioaktivität zum Teil auf den Schwierigkeiten, die sie ihm selbst verursachten. Es war offensichtlich geworden, dass seine Gesundheit nachließ, was seine Ärzte auf Rheumatismus zurückführten. Seine Hände waren so steif geworden, dass er Probleme hatte, sich morgens anzuziehen, von Laborexperimenten ganz zu schweigen. Ihm fehlte die Ausdauer vergangener Tage, und mitunter wurden die Schmerzen in seinen Beinen so schlimm, dass er, selbst wenn er im Bett lag, keine Ruhe fand.

Marie begann sich zu sorgen, ihr Mann würde möglicherweise nie wieder ganz gesund, während Pierre an einen Freund schrieb:

Es geht mir weder gut noch schlecht. Doch ermüde ich leicht, und meine Arbeitskraft ist nur mehr sehr gering. Hingegen führt meine Frau ein sehr geschäftiges Leben und pendelt zwischen den Kindern, der École de Sèvres und dem Laboratorium hin und her. Sie verliert keine Minute und kümmert sich viel mehr als ich um das Laboratorium, in dem sie den größten Teil des Tages verbringt.

Doch was Pierre offenbar den größten Kummer bereitet hat, war sein Mangel an Produktivität, wie er es in einem Brief an einen Freund formulierte:

Wir führen noch immer das Leben von Menschen, die sehr beschäftigt sind, ohne etwas Rechtes zu tun. Nun ist es mehr als ein Jahr her, dass ich nichts arbeite und doch keinen Augenblick für mich habe. Offenbar habe ich noch nicht die richtige Methode gefunden, um uns gegen die Zersplitterung unserer Zeit zu schützen, und wie notwendig wäre das. In geistiger Beziehung ist es eine Frage auf Leben und Tod.

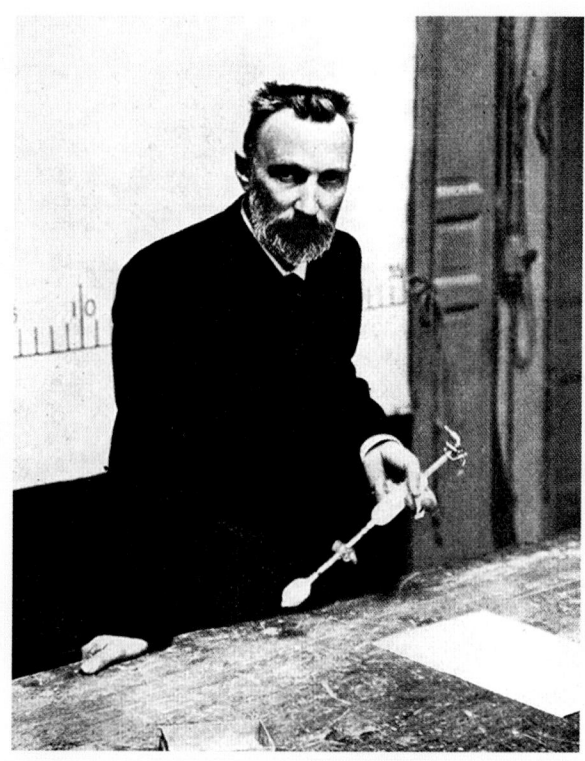

gegenüber und oben: Pierre Curie (1906)

PIERRES TOD

DER 19. APRIL 1906 WAR EIN VERHANGENER, REGNERISCHER TAG. PIERRE WOLLTE ZUM TREFFEN DER VEREINIGUNG DER PROFESSOREN DER NATURWISSENSCHAFTLICHEN FAKULTÄTEN UND SPÄTER ZU SEINEM VERLAG GEHEN, UM DORT DIE KORREKTURFAHNEN EINES AUFSATZES ZU KORRIGIEREN.

Normalerweise stand er akademischen Organisationen skeptisch gegenüber, aber Pierre betrachtete dieses Treffen als Gelegenheit sicherzustellen, dass Wissenschaftler aufgrund ihrer Leistungen angestellt wurden und nicht aus politischen Erwägungen.

Er genoss hohes Ansehen und nutzte die Möglichkeit, die sich ihm bot, um der Rationalität in den Wissenschaften wieder mehr Bedeutung zu verschaffen. In Erinnerung an die lebhafte Diskussion bei diesem Treffen bemerkte Pierres früherer Student Paul Langevin später, er habe Pierre nie lebhafter und fröhlicher als bei diesem Treffen erlebt. Die Anwesenheit von Joseph Kowalski-Wierusz, der die Curies vor zwölf Jahren miteinander bekannt gemacht hatte, verstärkte die gute Stimmung ebenfalls.

Nach dem Treffen und einem vergeblichen Besuch bei seinem Verlag, dessen Büros wegen eines Streiks geschlossen waren, ging Pierre mit aufgespanntem Schirm wieder hinaus in den strömenden Regen. Als er am Quai de Conti die Rue Dauphine überquerte, eine der verkehrsreichsten Kreuzungen von Paris, lief er in ein Lastenfuhrwerk hinein. Um auf dem rutschigen Pflaster das Gleichgewicht zu halten, griff er nach einem der Pferde, aber es scheute, und Pierre stürzte. Seine Tochter Ève beschrieb die Szene später folgendermaßen:

Passanten brüllen: »Anhalten, anhalten!« Der Kutscher zieht die Zügel an. Vergeblich: das Gespann setzt seinen Weg fort. Pierre liegt auf dem Boden, lebend, unbeschädigt. Die Pferde und die vorderen Räder gehen über ihn hinweg, ohne ihn auch nur zu streifen. Noch ist ein Wunder möglich. Doch die schwere Last rollt durch ihr eigenes Gewicht noch ein paar Meter weiter. Das linke Hinterrad stößt an ein minimales Hindernis und zermalmt es, es ist eine Stirn, der Kopf eines Menschen. Die Schädeldecke bricht auf, eine rote klebrige Masse quillt hervor und vermengt sich mit dem Straßenschmutz: das Gehirn Pierre Curies.

Pierre war auf der Stelle tot. Es war offensichtlich, dass man dem Mann nicht mehr helfen konnte. Passanten umringten den Fahrer des Lastenfuhr-

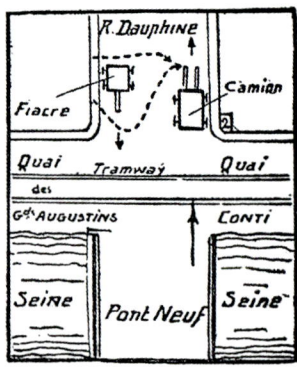

Skizze des Ortes, an dem Pierre zu Tode kam

werks und fingen an, ihn zu bedrohen. Die Polizei nahm ihn fest, stellte allerdings nach einer ausführlichen Befragung fest, dass er keine Schuld an dem Unfall trug. Pierres Freunde machten seine Zerstreutheit für den Unfall verantwortlich, die Unaufmerksamkeit, mit denen er den alltäglichen Dingen des Lebens begegnete.

Als man an der Universität von dem Unfall erfuhr, fiel es dem Dekan der naturwissenschaftlichen Fakultät zu, Pierres Familie zu informieren. Mit schweren Schritten machte er sich auf den Weg zum Haus der Curies. Als Pierres Vater die Tür öffnete, stieß er nur hervor: »Mein Sohn ist tot.« Marie hatte an diesem Tag einen Ausflug mit Irène unternommen, und während man auf ihre Rückkehr wartete, murmelte sein Vater immer wieder vor sich hin: »Woran mag er nur wieder gedacht haben?«

Gut gelaunt kam Marie nach Hause und merkte augenblicklich, dass etwas nicht stimmte. Später beschrieb sie diesen Moment in einer an Pierre gerichteten Notiz:

Ich trete ein. Jemand sagt: »Er ist tot.« Kann ein Mensch solche Worte begreifen? Pierre ist tot, er, den ich heute Vormittag noch gesund das Haus habe verlassen sehen, er, den ich heute Abend wieder in die Arme hatte schließen wollen. Ich werde ihn nur noch tot sehen, und es ist für immer vorbei. Ich wiederhole deinen Namen immer und immer wieder: »Pierre, Pierre, Pierre, mein Pierre.« Doch ach, das bringt ihn nicht zurück, er ist für immer

unten: Zeichnung des Unfalls von Pierre Curie

fort und hat mir nichts hinterlassen als Trostlosig-keit und Verzweiflung.

Am nächsten Tag berichteten Zeitungen überall auf der Welt vom Tod des berühmten Wissen-schaftlers, was jedoch von der Meldung über das große Erdbeben von San Francisco mit Hunder-ten Toten in den Hintergrund gerückt wurde. Marie brachte Irène bei Freunden unter und tele-grafierte ihren Verwandten in Warschau »Unfall, Pierre tot«. Am nächsten Tag traf Pierres Bruder Jacques ein, und zum ersten Mal sah man Marie in Tränen aufgelöst.

Zunächst hatte Marie ihrer Tochter Irène gesagt, ihr Vater sei am Kopf verletzt und müsse sich ausruhen, aber am Tag nach der Beerdigung sagte sie ihr die Wahrheit. Zuerst verstand das Mädchen nicht und ließ ihre Mutter gehen, ohne dass sie ihr Näheres erklärt hätte. Später erfuhr Marie, dass Irène geweint hatte und nach Hause wollte. Wie ihre Mutter berichtet, weinte sie dort viel, ging aber bald wieder zu den Freunden und weigerte sich, über ihren Vater zu sprechen.

Ève war noch zu klein, um begreifen zu kön-nen, und erst viel später begann sie zu verstehen, dass ihr Vater für immer fort war.

In späteren Jahren schrieb sie über die Auswir-kungen, die Pierres Tod auf Marie gehabt hatte:

Es ist eine Binsenweisheit zu behaupten, dass eine plötzliche Katastrophe einen Menschen für alle Zeiten verändern kann … [Aber] Marie Curie hat sich nicht so einfach von einer glücklichen, jungen Frau in eine untröstliche Witwe verwandelt, ihre Metamorphose ging tiefer. Der innere Aufruhr, das namenlose Entsetzen waren zu dramatisch, um sich in Klagen oder vertraulichen Gesprächen zu äußern. Seit dem Augenblick, in dem die Worte »Pierre ist tot« in ihr Bewusstsein gedrungen waren, hat sich für immer ein Schleier von Verlassenheit und Ver-schwiegenheit über sie gebreitet. An diesem Apriltag ist Madame Curie nicht nur Witwe, sondern eine unheilbar Vereinsamte geworden.

DIE BEERDIGUNG

Pierres Wünschen entsprechend verfügte Marie, dass die Beerdigung im Stillen statt-finden sollte. Es sollte weder eine Trauer-prozession noch Ansprachen geben, Pierre sollte einfach im Familiengrab beigesetzt werden, wo bereits seine Mutter ruhte. Während der kurzen Zeremonie blieb Marie still und klammerte sich an den Arm ihres Schwiegervaters. Erst als ein paar Blumen gebracht wurden, griff sie danach und verstreute sie einzeln über dem Sarg.

Über die Beerdigung schrieb sie später:

Ich habe meinen Kopf gegen den Sarg gelehnt und in großer Verzweiflung habe ich mit dir gesprochen. Ich habe dir gesagt, dass ich dich liebe und immer geliebt habe, mit meinem ganzen Herzen. Ich habe dir ver-sprochen, dass niemals ein anderer den Platz, den du in meinem Leben hattest, einnehmen würde, und dass ich versuchen würde, so zu leben, wie du es gewollt hättest.

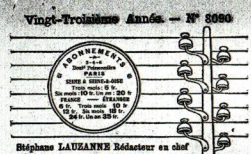

Le Matin

Vingt-Troisième Année — N° 8090 — SIX PAGES — CINQ CENTIMES — **Vendredi 20 Avril 1906**

DERNIERS TÉLÉGRAMMES DE LA NUIT

Stéphane LAUZANNE Rédacteur en chef — Jules MADELINE Administrateur

SEUL JOURNAL FRANÇAIS RECEVANT PAR FILS SPÉCIAUX LES DERNIÈRES NOUVELLES DU MONDE ENTIER

UNE VILLE DÉTRUITE

LA CATASTROPHE DE SAN-FRANCISCO

La capitale de la Californie en proie à l'épouvante et à l'anarchie — Tableau sinistre d'une journée lugubre — Le pillage dans les décombres — Effroyables pertes.

VUE GÉNÉRALE DE SAN-FRANCISCO

California street
FROM SAUTORNE STREET

SAN-FRANCISCO ET LES ENVIRONS

M. Clemenceau chez les Mineurs

Le ministre de l'intérieur a visité le bassin du Pas-de-Calais, où se sont produits de graves désordres — Mort du lieutenant Lautour.

M. G. CLEMENCEAU
Ministre de l'intérieur

ÉCRASÉ PAR UN CAMION

MORT TRAGIQUE DE M. CURIE

Le grand savant qui collabora à la découverte du radium a trouvé la mort, hier, sous les roues d'un camion — La science française en deuil.

Le camion meurtrier — M. ET Mme CURIE
Dans son laboratoire

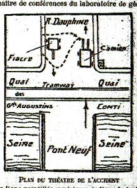

PLAN DU THÉÂTRE DE L'ACCIDENT

links: Titelseite der Tageszeitung *Le Matin* vom 20. April 1906 mit der Meldung vom Tod Pierre Curies

DUNKLE TAGE

FÜR MARIE WAR DAS LEBEN OHNE PIERRE UNERTRÄGLICH. OBWOHL SIE BESCHLOSSEN HATTE, SICH NICHT DAS LEBEN ZU NEHMEN, WÜNSCHTE SIE MANCHMAL, EINES DER VIELEN FUHRWERKE AUF DEN STRASSEN VON PARIS WÜRDE IHR DAS GLEICHE SCHICKSAL BESCHEREN WIE IHREM GELIEBTEN MANN.

Alles, was Licht in ihr Leben hätte bringen können, erinnerte sie an den Verlust und verstärkte ihre Schwermut – die Frühjahrsblüte, die amüsante Bemerkung eines ihrer Kinder oder die Momente intensiver wissenschaftlicher Arbeit.

Die einzige Hoffnung für ihre Zukunft schien in der Laborarbeit zu liegen, mit der sie und Pierre den größten Teil ihrer Ehe zugebracht hatten. Doch die Universität haderte mit der Frage, wie es mit Pierres Lehrstuhl weitergehen sollte.

Eine entmutigt wirkende Marie Curie
alleine im Laboratorium

Heute würde man zügig beschließen, dass der Lehrstuhl an den anderen der beiden beteiligten Wissenschaftler gehen solle, aber zur damaligen Zeit war es unvorstellbar, dass eine Frau an der Sorbonne lehrte.

Pierres Lehrstuhl wurde also vorerst nicht neu besetzt, dafür wurde Marie die Leitung des Laboratoriums angeboten. Ihre Freunde drängten sie, das Angebot anzunehmen: einerseits weil sie die bei Weitem qualifizierteste Person war, um die gemeinsamen Forschungen weiterzuführen, zudem würde so der Name Curie auch künftig mit dem Erreichten verbunden bleiben, und nicht zuletzt aus Sorge um Maries Wohlergehen. Es war klar, dass die beste Hoffnung auf Erholung in ihrer Arbeit lag.

Ein Jahr später schrieb Marie an eine Freundin:

Mein Leben ist so zerstört, dass es sich nie mehr einrichten wird. So ist es, so wird es bleiben, und ich werde nicht versuchen, es zu ändern. Ich versuche, meine Kinder so gut wie nur irgend möglich zu erziehen, doch auch sie können mich nicht zum Leben erwecken. Sie sind beide lieb und gut und ziemlich hübsch. Ich tue mein Möglichstes, um ihnen Gesundheit und Widerstandskraft mitzugeben. Doch mir ist bewusst, dass es noch zwanzig Jahre dauern wird, ehe beide erwachsen sind. Ich bezweifle, so lange durchzuhalten, denn ich führe ein höchst ermüdendes Leben. Kummer ist nicht gerade das rechte Mittel, einen bei Kraft und Gesundheit zu erhalten.

Unterstützt wurde Marie nach wie vor von ihrem Schwiegervater, der mit stoischer Gelassenheit sein Leben weiterführte, redete und lachte wie zuvor. Und allmählich schämte sich Marie für ihr Selbstmitleid. Die Kinder liebten ihren Großvater, der wesentlich mehr Zeit mit ihnen verbrachte als ihre Mutter und sowohl Lehrer als auch Spielgefährte für sie war. Marie war sich voll

Die allein erziehende Marie Curie mit ihren Töchtern Irène und Ève

VORLESUNG AN DER SORBONNE

Die Pariser Universität wurde im 13. Jahrhundert gegründet, war also eine der ältesten Universitäten der westlichen Welt. Im Herbst 1906 war Marie die erste Frau, die je eine Lehrveranstaltung an der Sorbonne abhielt. Ihre Antrittsvorlesung war eine echte Sensation. Hunderte von Menschen drängten sich vor den Türen, und jeder Platz im Hörsaal war belegt. Als Marie den Saal betrat, brachen alle in Applaus aus.

Die Anwesenden hatten möglicherweise gehofft, dass Marie ein paar Worte des Gedenkens über ihren Mann sagen würde, doch sie setzte einfach dort an, wo Pierre aufgehört hatte, und gab einen Überblick über die neuesten Fortschritte auf dem Gebiet der Physik. Sie war damals erst 39, doch Marie spürte, dass soziale Kontakte in ihrem Leben bis auf ihre engsten Familienmitglieder keine größere Rolle mehr spielen würden. Wenn sie sprach, ging es ausschließlich um die Arbeit oder um die Erziehung ihrer Töchter. 1909 erhielt sie von der Sorbonne endgültig und offiziell den Lehrstuhl von Pierre.

Marie Curie hält ihre Antrittsvorlesung an der Sorbonne

und ganz bewusst, was sie ihm zu verdanken hatten, und als er 1909 eine Lungenentzündung bekam und bettlägerig wurde, verbrachte sie viel Zeit an seinem Bett und sorgte für ihn.

Als der alte Mann 1910 starb, musste sich Marie allein um ihre Töchter kümmern. Den größten Wert legte sie auf die Erziehung zu Unabhängigkeit und Widerstandskraft. Sie schickte die Kinder bei jedem Wetter auf lange Spaziergänge, ermunterte sie zu körperlichen Übungen wie Gymnastik und ließ im Garten Barren und Ringe installieren. Sie hatte kein Verständnis für irgendwelche Ängste, sei es vor Gewitter, Krankheiten oder dem Schwarzen Mann. Pierres Unfalltod durfte seine Töchter nicht zu ängstlichen Menschen werden lassen.

Marie erwähnte Pierre nur selten. Auch von ihrer eigenen Kindheit erzählte sie so gut wie nichts – vom Tod ihrer Schwester und ihrer Mutter, den finanziellen Schwierigkeiten und den Repressalien, denen die Familie durch die Russen ausgesetzt gewesen war. Marie hatte schon vor langer Zeit ihren Glauben aufgegeben, aber sie hielt ihre Töchter nicht davon ab, sich mit Religion zu beschäftigen.

Sie hielt nichts von gewöhnlichen Schulen, denn ihrer Meinung nach wurden die Schüler dort in schlecht beleuchteten, ungelüfteten Räumen eingesperrt, wo sie doch eigentlich frei umherstreifen sollten. So schloss sie sich mit einigen akademischen Kollegen zusammen und begründete eine Unterrichts-Kooperative. Die Kinder wurden in Fächern wie Physik, Mathematik und Literatur von Mitgliedern der Fakultät unterrichtet. Einige entwickelten dabei eine tiefe Liebe zum Lernen und wurden später selbst Wissenschaftler.

Ève schrieb später, was die beiden Jahre im Kooperative-Unterricht den Schwestern mitgegeben hätten, sei die Lust an harter Arbeit, eine gewisse Gleichgültigkeit gegenüber Geld und ein unabhängiger Geist gewesen, der sie befähigte, auch unter schwierigen Umständen ohne Hilfe weiterzumachen. Jahrzehnte später, nach Maries Tod, fand man unter ihren wenigen Schätzen alle Briefe, die die Töchter ihr je geschrieben hatten. Hinter ihrem starken und unabhängigen Äußeren verbarg Marie ein intensives Bedürfnis nach Zuneigung.

Marie Curie mit einigen ihrer Studentinnen

DIE FRANZÖSISCHE AKADEMIE

IN DEN JAHREN VOR 1910 HATTE MARIE HART GEARBEITET UND VIELE EHRUNGEN UND AUSZEICHNUNGEN ERHALTEN. SIE STAND KURZ DAVOR, REINES RADIUM ZU GEWINNEN UND HATTE ZWEI WICHTIGE SCHRIFTEN ÜBER RADIOAKTIVITÄT VERÖFFENTLICHT.

Die erste von 1908 war eine 600-seitige Zusammenstellung mit dem Titel *Pierre Curies Werke*. Zwei Jahre später brachte sie ihr Werk *Die Radioaktivität* mit knapp 1000 Seiten heraus, eine Zusammenfassung über das Phänomen, das Marie selbst ein Jahrzehnt zuvor so benannt hatte.

Für ihre Forschungsergebnisse hatte sie mehr Anerkennung bekommen als je zuvor eine Frau in der Geschichte der Naturwissenschaften. Sie war die erste und damals noch immer einzige Frau, die einen Nobelpreis erhalten hatte und sie war in das Komitee zur Festlegung des Interna-

tionalen Radium-Standards berufen worden. Darüber hinaus war sie Mitglied der Amerikanischen Philosophischen Gesellschaft und der nationalen polnischen, tschechischen, schwedischen, russischen und niederländischen Akademie – und weltberühmt.

Daher schien es nur folgerichtig, Marie auch in die französische Akademie der Wissenschaften aufzunehmen, die Organisation, die nur wenige Jahre zuvor nach mehrfachen Ablehnungen auch Pierre endlich aufgenommen hatte. Die Akademie war 1666 von Ludwig XIV. begründet wor-

links: Publikation der Akademie der Wissenschaften, Band 46 von 1903, in der zum ersten Mal die grundlegende Abhandlung Henri Becquerels über die Radioaktivität abgedruckt wurde

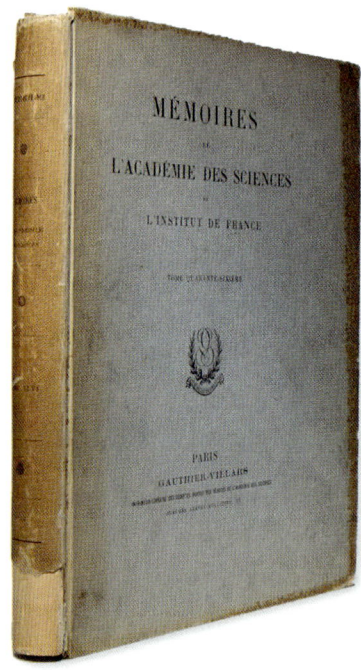

rechts: Marie Curies Buch über ihren Mann, das auch autobiografische Notizen enthält

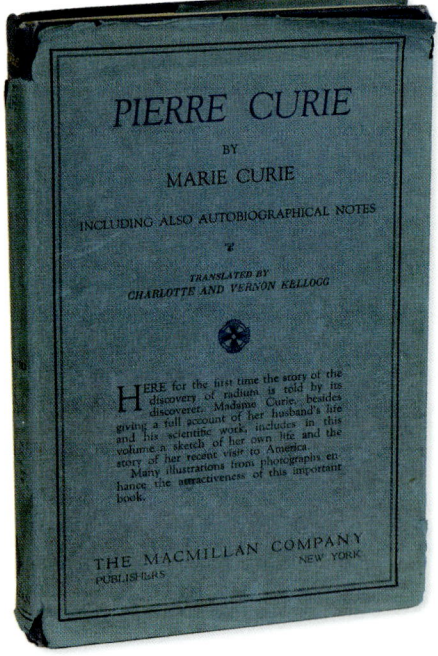

den und hatte im 17. und 18. Jahrhundert eine führende Stellung in den Wissenschaften eingenommen. Die Akademie der Wissenschaften ist eine von fünf Akademien unter dem Dach des Institut de France, und die Aufnahme war eine der höchsten Ehrenbezeugungen, die einem Wissenschaftler in Frankreich zuteilwerden konnte.

1910 wurde durch Tod ein Platz unter den sogenannten Unsterblichen frei. Maries Befürworter argumentierten, dass sie ihn aufgrund ihrer wissenschaftlichen Leistungen verdiene und dass eine Mitgliedschaft sie in die Lage versetzen würde, der Akademie fundierte Publikationen im wachsenden Bereich der Radioaktivität zu liefern. Marie war bald überzeugt und stellte sich als Kandidatin zur Verfügung.

Rein formal wurden viele Kandidaten in Betracht gezogen, aber Maries Hauptrivale war Édouard Branly (1844–1940), der dreimal für den Nobelpreis in Physik nominiert worden war, ihn aber nicht bekommen hatte.

Der öffentliche Wettstreit zwischen Marie und Branly um die Aufnahme in die Akademie fand auf unterschiedlichen Ebenen statt, die wenig bis gar nichts mit ihren wissenschaftlichen Leistungen zu tun hatten. Eine wichtige Frage war die der Religion. Branly war Katholik und hatte der Sorbonne die Anstellung an einer katholischen Universität vorgezogen. Marie wurde von ihren Gegnern dem Glauben gegenüber als gleichgültig oder sogar feindselig dargestellt, auch gab es das Gerücht, sie sei in Wirklichkeit Jüdin.

Eine weitere Rolle spielten Zeit und Alter. Branly war 67, und viele meinten, er nähere sich dem Ende seines Lebens. Er war bereits einmal bei der Aufnahme in die Akademie gescheitert. Marie dagegen war erst 43, deshalb, so ihre Gegner, werde sie in den kommenden Jahren noch genügend Gelegenheiten bekommen. Ironischerweise wurde Branly 95, er starb 1940 und überlebte Marie um sechs Jahre.

Natürlich ging es auch um die wissenschaftlichen Leistungen. Auf den ersten Blick übertrafen Maries ganz klar die von Branly. Aber ihre Geg-

ner wandten ein, dass für die Arbeit, die Marie und Pierre geleistet hatten, in erster Linie Pierre verantwortlich gewesen sei, und Maries Rolle dabei eher die einer Assistentin gewesen sei. Ihre Fürsprecher konterten diese Behauptung mit Pierres eigenen Aussagen und damit, dass Marie auch nach Pierres Tod sehr erfolgreich und produktiv gewesen war.

Doch der wichtigste Streitpunkt war und blieb das Geschlecht der beiden Kandidaten. Viele Konservative wiesen darauf hin, dass die französische Akademie in ihrer mehr als 200-jährigen Geschichte noch nie eine Frau aufgenommen habe. Sie beriefen sich auf die Tradition und beharrten darauf, die Akademie solle das Urteilsvermögen der früheren Mitglieder achten, die es nie für angebracht gehalten hätten, Frauen aufzunehmen. Die Zulassung einer Frau bedeute eine Veränderung für die Akademie, von der sie sich nur schwer erholen würde.

Andere Gegner, darunter nicht wenige Frauen, fanden es unangemessen, dass eine Frau überhaupt einen Platz in einer wissenschaftlichen Akademie beanspruchte. Wissenschaften, Ingenieurswesen, Mathematik – das seien für Männer geeignete Bereiche. Die Frauen sollten sich vielmehr auf die weiblichen Dinge des Lebens ausrichten, Schönheit und Anmut kultivieren und das häusliche Leben bereichern. Wenn Frauen der Akademie beiträten, würde das die Qualität des Diskurses banalisieren und die männlichen Mitglieder ablenken.

Am Tag der Abstimmung war das Interesse riesig. Alle Mitglieder mit Stimmrecht legten großen Wert darauf, anwesend zu sein, und es versammelte sich eine große Menschenmenge vor der Tür. Normalerweise war der Zutritt zum Eingangsbereich nur für Mitglieder gestattet, aber der Präsident beugte sich dem Druck und ließ zunächst die Männer ein. Die einzige anwesende Frau, eine Zeitungsredakteurin, wurde erst zugelassen, als ihre Pressekollegen sich für sie einsetzten.

Um in die Akademie aufgenommen zu werden, musste ein Kandidat 30 Stimmen auf sich

ÉDOUARD BRANLY

Branly war Physiker und Professor an einer katholischen Universität in Paris. Bekannt geworden war er als Erfinder des Kohärers – eines Geräts zur Übertragung von Radiowellen. Nach dessen Einführung in den 1890er-Jahren war es ungefähr zehn Jahre lang das bevorzugte Hilfsmittel, um Radiosignale zu empfangen.

Viele Franzosen hatten angenommen, der Physik-Nobelpreis 1909 würde an Branly gehen, für seine Beiträge zur Entwicklung der drahtlosen Telegrafie. Wie wichtig seine Leistungen waren, war allgemein anerkannt. Guglielmo Marconi (1874–1937) würdigte ihn 1897 in seiner ersten Übertragung über den Ärmelkanal: »Mr Marconi sendet Mr Branly mittels drahtlosem Telegraf Grüße über den Kanal, denn diese großartige Erfindung ist zum Teil das Resultat von Mr Branlys bemerkenswerten Arbeiten.«

links: Édouard Branly, 1911 Maries Hauptrivale um den Platz in der Akademie

rechts: Guglielmo Marconi, der 1909 für Entwicklungen in der Radiotechnik den Physik-Nobelpreis erhielt

Institut de France.

Académie des Sciences.

oben: Die Akadamie der Wissenschaften wurde 1666 in Paris gegründet

vereinen. Im ersten Wahlgang erhielt Branly 29 Stimmen und Marie 28, eine Stimme bekam ein dritter Kandidat. Im zweiten Wahlgang entfielen auf Branly 30 Stimmen und auf Marie wiederum 28 – damit war Édouard Branly gewählt. Trotzdem betrachteten viele den Wahlausgang als Sieg für Marie, denn er kündigte bereits den Tag an, an dem die Kandidaten nicht mehr nach ihrem Geschlecht beurteilt werden würden.

Andere empörten sich über das Ergebnis und sahen darin eine Schande nicht nur für die französische Akademie, sondern für die ganze französische Nation, wo doch so viele wissenschaftliche Akademien in anderen Ländern längst Frauen als Mitglieder zuließen – darunter auch Marie. Auch wenn sie enttäuscht war, ließ sie es sich nicht anmerken. Ihre Freunde und Kollegen scheinen sich mehr darüber erregt zu haben als sie selbst. Vielleicht tröstete sie der Gedanke, dass auch Pierre zunächst abgelehnt worden war.

Un Tournoi Académique: Une femme entrera-t-elle à l'Institut?

links: Marie Curie in ihrem Laboratorium in der Sorbonne (um 1908)

unten: »Ein akademisches Turnier: Schafft es eine Frau ins Institut?«, Artikel im *Excelsior* vom 9. Januar 1911

PAUL LANGEVIN

DIE GESCHICHTE VON PAUL LANGEVIN IST IN VIELERLEI HINSICHT MIT DER DER CURIES VERKNÜPFT. ALS LANGEVIN SEINE DOKTORARBEIT ÜBER IONISIERTE GASE SCHRIEB, WAR PIERRE CURIE SEIN DOKTORVATER.

Als 1925 Irène, die Tochter der Curies, ihre Doktorarbeit über den Zerfall von Polonium beendete, eines der Elemente, das ihre Eltern entdeckt hatten, war Paul Langevin ihr Doktorvater. Etwa vier Jahre nach Pierres Tod begann die Verbindung Langevin–Curie einen intimeren Charakter anzunehmen.

Langevin wurde 1872 in Paris geboren und besuchte die besten Schulen Frankreichs. Gegen Ende des 19. Jahrhunderts studierte er in Cambridge bei J. J. Thomson, der damals kurz davor stand, das Elektron zu entdecken. Nachdem Langevin zurückgekehrt war und 1902 seine Promotion beendet hatte, erhielt er eine Professur am Collège de France, und als Pierre die Hochschule für Industrielle Physik und Chemie verließ und an die Sorbonne wechselte, wurde Langevin sein Nachfolger.

Langevin leistete wesentliche Beiträge für die Physik. Auf Pierres Arbeiten aufbauend, die sich mit der Beziehung zwischen den magnetischen Eigenschaften von Materialien und ihrer Temperatur befassten, war Langevin einer der ersten Wissenschaftler, die die makroskopische Beschaffenheit einer Substanz in Bezug auf die Eigenschaften der atomaren Partikel erklärten.

Er stellte auch eine Theorie auf, in welchem Zusammenhang Masse und Energie atomarer Partikel zueinander stehen. Als Einstein jedoch seine spezielle Relativitätstheorie veröffentlichte, gewährte Langevin dessen Theorie den Vorrang und wurde einer ihrer leidenschaftlichsten Verfechter. Viele Jahre später, anlässlich Langevins Tod, schrieb Einstein in seinem Nachruf auf ihn:

links: Paul Langevin als junger Mann

rechts: Paul Langevin in den frühen 1940er-Jahren

Paul Langevin und
Albert Einstein

»Es scheint mir sicher, dass er die spezielle Relativitätstheorie entwickelt hätte, wäre es nicht anderenorts geschehen; er hatte ihre wichtigsten Punkte bereits ganz klar erkannt.«

Langevin leistete auch bedeutsame Beiträge zum Verständnis der Brownschen Molekularbewegung, der unregelmäßigen Bewegung von Teilchen in Flüssigkeiten. Einstein hatte solche Bewegungen mittels Thermodynamik auf makroskopischer Ebene beschrieben, doch Langevin verfolgte und beschrieb die Bewegung eines einzelnen Teilchens in Bezug auf die zufälligen Kräfte. Heute wird Langevins Gleichung verwendet, um Phänomene in vielen anderen Bereichen darzustellen, einschließlich Chemie, Biologie und Wirtschaftswissenschaften.

Langevin engagierte sich auch politisch. Als junger Mann war er in der Französischen Liga für Menschenrechte aktiv und Anhänger des Völkerbundes. 1923 nahm er gemeinsam mit Einstein in Berlin an einer Demonstration für Menschenrechte teil. Als überzeugter Pazifist sprach er sich nachdrücklich gegen den Faschismus aus, war letztendlich aber doch der Mei-

SONAR

Langevins bekannteste Arbeit war die Entwicklung des Sonars. Das wohl berühmteste Unglück dieser Jahre war der Untergang der *Titanic*, bei dem 1912 nach einem Zusammenstoß mit einem Eisberg 1500 Menschen ums Leben kamen. Im Ersten Weltkrieg wurden erstmals in größerem Umfang U-Boote eingesetzt, was die Schifffahrt immer gefährlicher machte. Wie sollten sich die Schiffe gegen einen unsichtbaren Feind verteidigen? Man musste also neue Wege entwickeln, um große Objekte unter Wasser auszumachen.

Licht funktionierte nicht sehr gut – selbst die stärksten Lichtstrahlen wurden vom Meerwasser schnell abgeschwächt. Schall schien besser geeignet zu sein. Langevin arbeitete mit einem Ingenieur zusammen und erkannte, dass der einst von Jacques und Pierre Curie entdeckte piezoelektrische Effekt der Schlüssel zur Lösung des Problems war.

Langevin und sein Kollege entwickelten gezielt ein Mosaik von Quarzkristallen, zusammengepresst zwischen Stahlfolien. Wurde Strom durch das Gerät geschickt, gab es Schallwellen von sich. Wenn nun diese Schallwellen von einem Gegenstand unter Wasser zurückgeworfen wurden, versetzten sie die Kristalle in Schwingung und erzeugten so einen Stromfluss. Diese Technik wurde weiter verfeinert, sodass sich schließlich Ort, Entfernung und sogar Geschwindigkeit und Bewegungsrichtung der Unterwasser-Objekte ermitteln ließen.

Das SONAR wurde nach dem Ersten Weltkrieg weiterentwickelt und seine grundlegenden Prinzipien später in den verschiedensten Bereichen angewendet. RADAR zum Beispiel, das auf der Reflexion von Radiowellen beruht, setzte man zur Ortung von Flugzeugen ein und um Wetterdaten zu erhalten. Langevin legte auch die Grundlagen für den medizinischen Ultraschall, der auf der Reflexion von hochfrequenten Schallwellen beruht, um innere Organe abzubilden, zum Beispiel die Leber, die Gallenblase, die Schilddrüse und den Fötus im Mutterleib.

oben: Robert Boyle, er und Paul Langevin gehörten zu den Pionieren der Unterwasser-Technik

rechts: Querschnitt durch einen Quarz-Umwandler, 1917 von Boyle entworfen

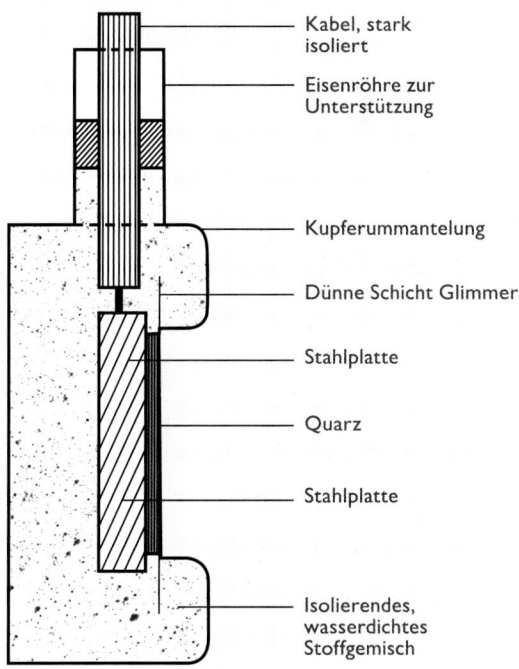

Kabel, stark isoliert

Eisenröhre zur Unterstützung

Kupferummantelung

Dünne Schicht Glimmer

Stahlplatte

Quarz

Stahlplatte

Isolierendes, wasserdichtes Stoffgemisch

nung, dass härtere Maßnahmen nötig seien, um Hitler aufzuhalten. Gegen Ende seines Lebens trat Langevin der Kommunistischen Partei bei.

Als passionierter Lehrer hatte er, gemeinsam mit Marie und anderen Kollegen, an deren kurzlebiger Unterrichts-Kooperative teilgenommen. Er war der Auffassung, dass die Wissenschaft viel stärker in die Öffentlichkeit getragen werden müsse, und plädierte für eine stärkere Präsenz der Naturwissenschaften in den Lehrplänen der Schulen. Nach dem Zweiten Weltkrieg war er Vorsitzender einer einflussreichen Kommission zur Reform des französischen Schulsystems, doch seine Empfehlungen wurden erst nach seinem Tod 1946 umgesetzt.

Neben Irène betreute Langevin weitere Studenten, darunter den späteren Quantenphysiker und Nobelpreisträger Louis de Broglie, der die Theorie aufstellte, dass alle Materie Wellenverhalten aufweist, und Léon Brillouin, der wichtige Beiträge zur Quantenmechanik, Festkörperphysik und Informationstheorie lieferte.

Unten: von links nach rechts Albert Einstein, Paul Ehrenfest, Paul Langevin (sitzend), Kamerlingh Onnes und Pierre Weiss

Paul Langevin und
seine Frau Emma
Jeanne

Langevin wurde in die Royal Society aufgenommen und erhielt für seine herausragenden Beiträge zur Wissenschaft sowohl die Hughes Medal als auch die Copley Medal.

1898 heiratete er Emma Jeanne Desfosses (1874–1970), die Tochter eines Keramikers, mit der er vier Kinder hatte. Die von Beginn an angespannte Beziehung ließ Langevin schon nach wenigen Jahren an Scheidung denken. Der Unfrieden im Hause Langevin hatte Auswirkungen nicht nur auf ihn selbst, sondern auch auf die Familie Curie, insbesondere auf Marie.

DIE LANGEVIN-AFFÄRE

ES WÄRE EINE UNTERTREIBUNG ZU SAGEN, DASS LANGEVIN EINE UNGLÜCKLICHE EHE FÜHRTE. FREUNDE BERICHTETEN, DASS ER HÄUFIG UNGLÜCKLICH WIRKTE, MANCHMAL MIT BLAUEN FLECKEN UND SCHNITTVERLETZUNGEN AM KOPF AUFTAUCHTE UND DASS SEINE FRAU IHN, WÄHREND SIE MIT GÄSTEN AM TISCH SASSEN, SO HEFTIG BESCHIMPFTE, DASS ER AUFSTAND UND DIE RUNDE VERLIESS.

Ob Langevin jemals handgreiflich wurde, ist unklar, aber wir wissen, dass seine Frau sich über die »Härte« ihres Mannes beklagte.

Einige Zeit nach Pierres Tod wurde Marie Teil eines Freundeskreises, dem Langevin vertraute. Um 1910 waren aus den Vertrauten Marie und Langevin Liebende geworden, und die beiden mieteten eine Wohnung in der Nähe der Universität, wo sie sich ungestört treffen konnten. Wenn sie getrennt waren, unterhielten sie eine Korrespondenz, über deren Risiken Langevin sich bewusst gewesen sein muss – Jahre zuvor hatte seine Frau einen Brief seiner Mutter abgefangen, in dem sie sich besorgt über den Zustand seiner Ehe äußerte.

Wie sich herausstellte, hatte Madame Langevin einen Brief von Marie in ihren Besitz gebracht und äußerte ungeniert ihre Entschlossenheit, ihn öffentlich zu machen. Das würde umso leichter sein, als ihr Bruder Herausgeber einer Zeitung war. Überdies drohte sie, Marie umzubringen. Krank vor Sorge, reiste Marie mit ihren Töchtern an die Küste und hoffte, sich dort wieder zu erholen. Sie stellte sich offenbar eine Zukunft mit Paul Langevin vor und schrieb ihm:

Es bestehen sehr tiefe Affinitäten zwischen uns, die nur förderliche Umstände bräuchten, um sich zu entfalten. In der Vergangenheit gab es bereits Hinweise darauf, und als wir uns schließlich allein sahen, war es vollkommen klar. Ich trauerte um das wunderbare Leben, das ich hatte und das in solch einer Katastrophe endete, und Du spürtest, dass Du trotz aller Anstrengungen nicht das Familienleben führen konntest, von dem Du Dir so viel Freude erhofft hattest. Der Instinkt, der uns zusammengeführt hat, war sehr stark, und er half uns, die Trauer über unser jeweiliges Privatleben zu überwinden. Was könnte nicht alles entstehen aus diesem Gefühl, das so instinktiv und so natürlich ist und so gut zu unseren intellektuellen Bedürfnissen zu passen scheint? Ich glaube, wir könnten alles daraus gewinnen: gute gemeinsame Arbeit, eine gute solide Freundschaft, Lebensmut und sogar schöne Kinder der Liebe.

Marie hoffte offensichtlich, Langevin würde den Mut finden, sich scheiden zu lassen. Sie zeichnet das Bild einer unerbittlich dominierenden Madame Langevin, die ihren Mann ständig verunsichert, ihm das Leben zur Qual macht und seine Arbeit behindert. Sie schien Marie eine Frau zu sein, die nicht in der Lage war, ihre Eifersucht und ihren Zorn im Zaum zu halten, und eine Intrigantin, die bereit war, alles zu tun, um ihre Familie zu bewahren.

Dabei scheint Marie selbst unter Eifersucht gelitten zu haben. Sie drängte Langevin, dem Ehebett fernzubleiben, denn sie hatte den Verdacht, Madame Langevin könnte versuchen, erneut schwanger zu werden. Die Kombination aus tränenreichen Szenen und einer bevorstehenden Geburt würden jeden Entschluss Langevins, sie zu verlassen, ins Wanken geraten lassen. Marie klagte, allein der Gedanke daran bereite ihr schlaflose Nächte.

Marie und Langevin machten den Fehler, ihre Briefe in der Stadtwohnung aufzubewahren. Madame Langevin engagierte offenbar jemanden, der sich Zutritt zur Wohnung verschaffte und die Briefe an sich nahm. Bald darauf erhielt Marie Besuch vom Bruder Madame Langevins, der ihr verkündete, seine Schwester habe nun die Briefe in ihrem Besitz und plane, sie zu veröffentlichen. Für Marie war das ein klarer Fall von

Erpressung – entweder brach sie jeden Kontakt mit Langevin ab, oder es käme zu einer unvorstellbaren, öffentlichen Bloßstellung.

In den darauffolgenden Monaten scheinen sich Marie und Langevin weniger gesehen zu haben, obwohl sie 1911 gemeinsam an der Solvay-Konferenz in Brüssel teilnahmen. Ein berühmtes Foto zeigt Marie im Kreise der Physiker an einem Tisch sitzend, in der Reihe hinter ihr stehen Albert Einstein und neben ihm Paul Langevin. Möglicherweise war es diese Konferenz, die Madame

Marie Curie und
Paul Langevin in
Paris in den frühen
1910er-Jahren

Langevin dazu veranlasste, ihre Drohung wahrzumachen.

Am Tag nach der Konferenz berichtete die Pariser Zeitung *Le Journal* auf der ersten Seite von der Affäre. Der Reporter zitierte aus einem Interview mit der Mutter von Madame Langevin:

Die Witwe von Pierre Curie, die große Wissenschaftlerin, die teilhatte an der Entdeckung des Radiums, die Professorin an der Pariser Universität, die beinahe in die Akademie der Wissenschaften aufgenommen worden ist, die gefeierte, die berühmte Madame Curie hat meiner Tochter den Ehemann genommen, den Vater meiner kleinen Enkel.

Marie versuchte diese Behauptungen zurückweisen, aber nur zum Teil. Sie protestierte, die Konferenz in Brüssel habe ihre ganze Energie in Anspruch genommen und sie habe keine Zeit für irgendetwas anderes gehabt. Doch sie behauptete nicht, dass die Gerüchte über eine Affäre mit Langevin unbegründet seien. Und das konnte sie auch nicht behaupten: Zum einen wäre es falsch gewesen, zum anderen hatte Langevins Schwiegermutter bereits enthüllt, dass sie und ihre Tochter Briefe der beiden besaßen.

Auch Madame Langevin tauchte in der Presse auf. Es erschien ein Artikel, der sie als eine »in Tränen aufgelöste Frau« beschrieb, die einen Skandal verhindern wollte: Niemals hätte sie die Angelegenheit publik gemacht, wenn es sich nur um eine Affäre gehandelt hätte. Sie hätte gehofft, ihren Ehemann zurückzugewinnen. Wäre sie die eifersüchtige Irre, als die manche sie darstellten, hätte sie alles an die große Glocke gehängt – doch stattdessen sei sie ihrer Pflicht

als Ehefrau und Mutter nachgekommen und stumm geblieben.

Wie es in Wahrheit aussah, wussten nur wenige. Die Geschichte wurde in den Zeitungen breitgetreten, die eindeutig Sympathie für Madame Langevin hegten und Marie gegenüber feindselig waren: Auf der einen Seite Madame Langevin, die ihre Ehe retten und ihre Kinder schützen will und hofft, ihr Mann würde Vernunft annehmen. Auf der anderen Seite die kühle, kopfgesteuerte Ausländerin, die in einer selbstsüchtigen Intrige versucht, ein französisches Heim und einen großen Wissenschaftler zu zerstören.

Times Herald vom Dezember 1911 mit der Nachricht, dass sich Madame Langevin bereit erklärt hat, eine Trennungsvereinbarung zu unterschreiben

DIE SOLVAY-KONFERENZ

DER BELGISCHE CHEMIKER UND INDUSTRIELLE ERNEST SOLVAY (1838–1922) LIESS SICH DAS SOGENANNTE SOLVAY-VERFAHREN PATENTIEREN, BEI DEM AUS MEERWASSER UND KALK UNTER ZUGABE VON AMMONIAK NATRIUMCARBONAT GEWONNEN WIRD. ES WIRD BEI DER HERSTELLUNG VON GLAS, PAPIER, SEIFEN UND WASCHMITTELN VERWENDET.

links: Der belgische Chemiker und Industrielle Ernest Solvay, Begründer der Solvay-Konferenzen

rechts: Hendrik Lorentz, niederländischer Physik-Nobelpreisträger 1902 und der erste Vorsitzende der Solvay-Konferenz

Seine erste Fabrik stand in Belgien, heute verwenden Werke auf der ganzen Welt das Solvay-Verfahren. Ernest Solvay verdiente damit sehr viel Geld und investierte einen Gutteil seines Vermögens in zahlreiche philanthropische Projekte.

Eines seiner nachhaltigsten Projekte war, die Solvay-Konferenzen zu etablieren. Die erste Konferenz fand 1911 in Belgien statt und nach der Vorstellung ihres Begründers sollte sie nicht nur ein Forum für die Präsentation und Diskussion wissenschaftlicher Arbeiten bilden, sondern sich vor allem mit ungelösten Fragen der Wissenschaft beschäftigen. Den Vorsitz der ersten Konferenz übernahm Hendrik Lorentz (1853–1928), ein niederländischer Physiker und einer der zwei Physik-Nobelpreisträger von 1902. Dass er zahlreiche Sprachen beherrschte, erwies sich bei der Moderation der Tagung als sehr vorteilhaft.

DIE FRÜHEN KONFERENZEN

Die erste Tagung, zu der handverlesene theoretische und experimentelle Physiker eingeladen wurden, hatte die wachsende Spannung zwischen der klassischen Physik und der Quantentheorie zum Thema. Anwesend war Max Planck (1858–1947), dem 1918 der Physik-Nobelpreis verliehen werden sollte, und dessen Quantenhypothese besagt, dass sowohl Energie als auch Materie nicht unendlich teilbar sind und Energiemengen in Quanten übertragen werden; weiter Ernest Rutherford (1871–1937), der das Konzept der Halbwertzeit von radioaktiven Materialien entwickelte und der 1908 den Chemie-Nobelpreis erhalten hatte, sowie als zweitjüngster Teilnehmer Albert Einstein. Auch Marie und Langevin waren eingeladen.

Die bekannteste Solvay-Konferenz war die fünfte, 1927, die letzte unter dem Vorsitz von Lorentz, mit dem Thema Elektronen und Photonen. Das Gruppenbild der Teilnehmer nennt man häufig das »intelligenteste Foto, das jemals aufgenommen wurde«. Siebzehn der Anwesenden hatten den Nobelpreis bereits oder würden ihn noch bekommen. Nur eine Frau ist darunter – natürlich Marie Curie, die einzige unter den Teilnehmern, die bis dahin zwei Nobelpreise erhalten hatte.

Bild von den Teilnehmern der fünften Solvay-Konferenz von 1927, oft »das intelligenteste Foto aller Zeiten« genannt

Unter den Teilnehmern der fünften Konferenz waren neben Lorentz, Planck, Rutherford, Einstein, Marie und Langevin unter anderem die folgenden Physiker:

- Erwin Schrödinger (1887–1961) – österreichischer Physiker und einer der Begründer der Quantenmechanik. Er war einer der beiden Physik-Nobelpreisträger von 1933 und schrieb das Buch *Was ist Leben?*, das die Arbeit von Biologen wie James Watson beeinflusste, einem der beiden Wissenschaftler, die die Struktur der DNA entschlüsselten.

- Wolfgang Pauli (1900–1958) – österreichisch-amerikanischer Physiker, der das Paulische Ausschlussprinzip entwickelte: Zwei subatomare Teilchen im gleichen Atom können nicht zur gleichen Zeit im gleichen Quantenzustand sein. Dafür erhielt er 1945 den Physik-Nobelpreis.

- Werner Heisenberg (1901–1976) – deutscher Physiker, der die Heisenbergsche Unschärferelation formulierte: Je genauer man die Position eines Teilchens bestimmen kann, desto weniger genau kann man seinen Impuls bestimmen und umgekehrt. Dafür erhielt er 1932 den Physik-Nobelpreis.

- Peter Debye (1884–1966) – niederländisch-amerikanischer Physiker und Chemiker, der für seine Arbeit über Dipolmomente (die Trennung von Ladungen in Atombindungen) und die Beugung von Röntgenstrahlen 1936 den Chemie-Nobelpreis erhielt.

- Lawrence Bragg (1890–1971) – britischer Physiker, der zusammen mit seinem Vater zur Erklärung der Muster, die bei der Beugung von Röntgenstrahlen an Kristallstrukturen entstehen, die Bragg-Gleichung entwickelte. 1915 erhielten die Braggs dafür gemeinsam den Phy-

Lawrence Bragg, der jüngste Nobelpreisträger aller Zeiten, später Vorsitzender der der Solvay-Konferenz

sik-Nobelpreis, und bis heute ist Lawrence Bragg der jüngste Nobelpreisträger aller Zeiten.

- Paul Dirac (1902–1984) – britischer Physiker, dessen Dirac-Gleichung die Grundlagen für den späteren Nachweis von Antimaterie legte. Gemeinsam mit Schrödinger bekam er 1933

den Nobelpreis für Physik und soll gesagt haben: »Gott hat das Universum nach tiefgründigen und feinsinnigen mathematischen Gesetzmäßigkeiten aufgebaut.«

- Arthur Compton (1892–1962) – amerikanischer Physiker, der den Teilchencharakter von elektromagnetischer Strahlung nachweisen konnte, eine radikale Vorstellung zu dieser Zeit, als der Wellencharakter von Licht weithin anerkannt war. 1927 gab es dafür den Physik-Nobelpreis.

- Louis de Broglie (1892–1987) – französischer Physiker, der die Theorie aufstellte, dass Elektronen – wie die gesamte Materie – die Eigenschaften von Wellen besitzen. Damit brachte er die Grundlagenforschung für den Welle-Teilchen-Dualismus voran und erhielt 1929 den Physik-Nobelpreis.

- Max Born (1882–1970) – deutscher Physiker und Mathematiker, der die Quantenmechanik entscheidend voranbrachte, besonders die statistische Interpretation der Wellenfunktionen. Dafür bekam er 1954 den Physik-Nobelpreis verliehen.

- Niels Bohr (1885–1962) – dänischer Physiker, der das Bohrsche Atommodell entwickelte, bei dem sich die Elektronen auf eigenen Bahnen um den Atomkern bewegen. Er schlug vor, dass Wellen- und Teilchencharakter durch komplementäre Beobachtungssätze beschrieben werden können, und erhielt 1922 den Physik-Nobelpreis.

Ein berühmt gewordener Schlagabtausch auf der fünften Solvay-Konferenz war die Bohr-Einstein-Debatte. Einstein tat angesichts der Heisenberg-

Niels Bohr, Physik-Nobelpreisträger von 1922

schen Unschärferelation seine Zweifel kund mit dem berühmten Ausspruch: »Gott würfelt nicht.« Bohr entgegnete darauf bekanntlich: »Einstein, hören Sie auf, Gott vorzuschreiben, was er tun soll!« Auch bei dieser fünften Solvay-Konferenz war Marie die einzige Frau unter den Teilnehmern.

Nach dem Tod von Lorentz übernahm bei den nächsten beiden Konferenzen 1930 und 1933 Paul Langevin den Vorsitz, ein weiteres Indiz für das hohe Ansehen, das er bei den anderen Wissenschaftlern genoss. Nach dem Krieg folgten zwischen 1948 und 1961 fünf Konferenzen unter der Leitung von Lawrence Bragg. Die Solvay-Konferenzen gibt es bis heute, auch im Fachbereich Chemie, entsprechend dem Hintergrund ihres Gründervaters Solvay.

William Henry Bragg mit seinem Spektrometer in den 1910er-Jahren

ALBERT EINSTEIN

ER IST VERMUTLICH DER BEKANNTESTE WISSENSCHAFTLER DES 20. JAHRHUNDERTS. ALBERT EINSTEIN WURDE 1879 IN DEUTSCHLAND ALS SOHN EINES INGENIEURS GEBOREN, DER MIT SEINEM BRUDER EINE FABRIK FÜR ELEKTROTECHNISCHE GERÄTE GRÜNDETE.

Der junge Einstein ging in München zur Schule und fiel schon früh durch herausragende Leistungen in Mathematik und Physik auf. Als Teenager bewarb er sich um einen Studienplatz an der Eidgenössisch Polytechnischen Hochschule in Zürich, wurde jedoch trotz seiner guten Noten in den wichtigen Fächern der Aufnahmeprüfung abgelehnt, weil sein Notendurchschnitt insgesamt zu niedrig war.

Um dem Militärdienst zu entgehen, gab er seine deutsche Staatsbürgerschaft auf. Er machte seinen Schulabschluss nach, begann ein Studium und verliebte sich bald in seine Kommilitonin Mileva Marić. Die beiden bekamen eine Tochter, aber sie wurde entweder zur Adoption freigegeben oder starb als Kleinkind. 1903 heirateten sie und bekamen zwei Söhne, Hans Albert (1904–1973) und Eduard (1910–1965). 1914 zog die Familie nach Berlin, sie trennten sich aber bald,

unten: Einstein als Junge von 14 Jahren

rechts: Einstein mit 25 Jahren

ließen sich später scheiden, und Einstein heiratete 1919 seine Cousine Elsa.

Bei der Scheidung stimmte Einstein zu, seiner ersten Ehefrau das Preisgeld abzutreten, das er bei einer Verleihung des Nobelpreises erhalten würde, was er, als er 1921 für seine Arbeiten zum photoelektrischen Effekt mit dem Physik-Nobelpreis ausgezeichnet wurde, auch tat. Diese Unterstützung war besonders wichtig, um die medizi-

nischen Ausgaben zu bezahlen, als bei Eduard Schizophrenie diagnostiziert wurde und er schließlich in eine geschlossene psychiatrische Klinik eingewiesen werden musste.

1915 veröffentlichte Einstein seine wissenschaftliche Schrift zur allgemeinen Relativitätstheorie. Analog zu der Beziehung, die er zwischen Masse und Energie erkannte, argumentierte er, dass die Gravitation Raum und Zeit krüm-

links: Einstein und
seine erste Frau Mileva
1911

rechts: Einstein und
seine zweite Frau Elsa
1921

DAS »WUNDERJAHR«

Zu Beginn seiner Karriere gelang es Einstein nicht, eine akademische Anstellung zu bekommen und er arbeitete von 1902 bis 1909 als Angestellter beim Schweizer Patentamt in Bern. 1905, im gleichen Jahr, als er seine Dissertation fertigstellte, veröffentlichte er vier Aufsätze von solcher Bedeutung, dass 1905 oft *annus mirabilis*, das »Wunderjahr«, genannt wird. In der ersten Arbeit geht es um den Lichtelektrischen Effekt: Lichtenergie kann nur in kleinsten Energiemengen oder Quanten abgegeben oder absorbiert werden. Das widersprach der Ansicht, dass Licht ein reines Wellenphänomen ist.

Die zweite Arbeit beschäftigte sich mit der Brownschen Molekularbewegung, der scheinbar chaotischen Bewegung von Teilchen in einer Flüssigkeit. Einstein zeigte, dass eine solche Bewegung statistisch beschrieben werden kann, indem er die kinetische Theorie von Gasen verwendete. Damit lieferte er einen schlagenden Beweis für die Existenz von Atomen und implizierte, dass man sie unter dem Mikroskop beobachten könnte. Die dritte Arbeit formulierte das, was als spezielle Relativitätstheorie bekannt wurde. Einstein stellte die These auf, dass die Gesetze der klassischen Mechanik für Geschwindigkeiten nahe der Lichtgeschwindigkeit keine Gültigkeit besitzen. Er stellte eine neue Verbindung zwischen grundlegenden physikalischen Parametern wie Zeit, Raum, Masse und Energie her. Seine These basiert auf der Annahme, dass die Lichtgeschwindigkeit eine feste Größe ist und nicht vom Standort oder Bewegungszustand des jeweiligen Beobachters abhängt.

Die vierte Arbeit enthält die vielleicht berühmteste Gleichung der Welt: $E = mc^2$. Einstein geht von einer Äquivalenz von Masse und Energie aus und legt nahe, dass selbst vollkommen träge Teilchen hoch energetisch sein können. Die Gleichung gibt die Größe der Ruheenergie an, und mit ihr kann man auch errechnen, wie viel Energie durch eine Kernreaktion freigesetzt wird, zum Beispiel bei der Kernfusion, der Energiequelle der Sonne, und bei der Kernspaltung.

men könnte, was er als Raumzeitkrümmung bezeichnete. Diese Theorie wurde durch viele Beobachtungen bestätigt, darunter auch, dass massenreiche Objekte wie die Sonne Licht krümmen und den Verlauf der Zeit verändern.

Nach der Machtergreifung der Nazis in Deutschland emigrierte Einstein 1933 in die USA, ließ sich in Princeton in New Jersey nieder und wurde amerikanischer Staatsbürger. Am Vorabend des Zweiten Weltkriegs warnte er die USA, bei der Entwicklung einer Atombombe nicht hinter Deutschland zurückzufallen. Später wandte er sich dagegen, die Kernspaltung für Waffen einzusetzen. Als er starb, war er der bekannteste Wissenschaftler der Welt wie einst Marie Curie.

Einstein und Marie begegneten sich zum ersten Mal bei der Solvay-Konferenz 1911. Einstein war damals 32 Jahre alt und Marie 43. Als er von den Anfeindungen der französischen Presse gegen Marie erfuhr, war er fassungslos und verteidigte sie. Er beschimpfte die »entsetzlichen Geschichten, die die Zeitungen verbreiten« als »Unfug«. Doch sein Urteil beruhte weniger auf seiner hohen Meinung von Maries moralischer Integrität, sondern eher auf gewissen, für ihn offensichtlichen Fakten.

Er hatte keine allzu hohe Meinung von Maries Anziehungskraft auf das andere Geschlecht. Er bewunderte ihren Intellekt, ihr Arbeitsethos und ihre Hingebung an die wissenschaftliche Forschung und zweifelte keineswegs an ihrem leidenschaftlichen Naturell –

aber an ihren körperlichen Reizen. Einstein schrieb einem Kollegen, Marie Curie sei »trotz ihrer Leidenschaftlichkeit nicht anziehend genug, um jemandem gefährlich zu werden«. Er meinte, sie könne kein Heim zerstören, denn niemand werde ihretwegen seine Familie oder seinen Ruf riskieren.

Doch trotz seiner Zweifel an der Affäre schrieb er Marie bald nach der Solvay-Konferenz unterstützende Worte der Verteidigung und Ermutigung:

Lachen Sie nicht über mich, wenn ich Ihnen schreibe, ohne Ihnen etwas Verständiges zu sagen zu haben. Aber ich bin so wütend über die niederträchtige Art, in der sich der Pöbel gegenwärtig mit Ihnen zu befassen wagt, dass ich diesem Gefühl unbedingt Ausdruck geben muss. Ich bin überzeugt, dass Sie ihm gleichbleibende Verachtung schenken, gleich ob er Ihnen kriecherisch überschwänglichen Respekt zollt oder versucht, seine Lust an Sensationen zu befriedigen. Ich möchte Ihnen sagen, wie sehr ich Ihre Intelligenz bewundere, Ihre Tatkraft und Ihre Ehrlichkeit, und dass ich mich glücklich schätze, Sie in Brüssel persönlich kennengelernt zu haben. Jeder, der nicht zu den Reptilien zählt, freut sich nach wie vor, dass wir solche Persönlichkeiten wie Sie und auch Langevin unter uns haben, Menschen, mit denen in Kontakt zu sein eine Ehre ist. Wenn sich der Pöbel noch weiter mit Ihnen befasst, so lesen Sie einfach das Geschwätz nicht, sondern überlassen Sie es dem Reptil, für das es fabriziert ist.

Einstein erhält 1940 seine Einbürgerungsurkunde für die USA

NACHWIRKUNGEN DER AFFÄRE

DIE LETZTEN BEIDEN MONATE DES JAHRES 1911 WAREN EINE FOLGENSCHWERE ZEIT IM LEBEN VON MARIE CURIE. NUR EINEN TAG NACH DER SOLVAY-KONFERENZ BEGANN DIE FRANZÖSISCHE PRESSE ERSTE BERICHTE ÜBER EINE AFFÄRE ZWISCHEN IHR UND LANGEVIN ZU VERÖFFENTLICHEN.

Sobald sie zu Hause war, besorgte sich Marie einen Rechtsbeistand und schrieb einen Brief an eine der Zeitungen, in dem sie das Eindringen der Presse in ihr Privatleben als »unerträgliche Belästigung« bezeichnete und mit rechtlichen Schritten drohte.

Zur gleichen Zeit traf die Nachricht ein, dass Marie der Nobelpreis für Chemie zuerkannt worden war. Sie hatte nicht nur eine ausschlaggebende Rolle bei der Entdeckung zweier neuer Elemente für das Periodensystem der Elemente gespielt – diese Elemente hatten auch den Weg für die Ent-

Marie Curies Verleihungsurkunde für den Chemie-Nobelpreis 1911

deckung der Radioaktivität bereitet. Sie ebnete den Weg für Rutherfords entscheidende Arbeit über den Aufbau des Atoms und eröffnete die Möglichkeit einer Verwendung radioaktiver Elemente bei der Behandlung von Krankheiten wie Krebs.

Doch später im November 1911 veröffentlichte dann die Zeitschrift *L'Œuvre* Auszüge aus der Korrespondenz zwischen Marie und Langevin. Die Briefe enthielten Koseworte und Anspielungen auf die gemeinsame Wohnung sowie Ratschläge von Marie, wie Langevin seine Ehe am besten beenden könne. Das und die nachfolgenden Zeitungsartikel führten zu öffentlicher Anteilnahme für Madame Langevin und heizten die Wut gegen Marie an, eine »Fremde«, deren Handlungsweise eine »französische Familie« zerstöre.

Das Bild, das hier von Marie gezeichnet wurde, kam dem eines teuflischen Genies nahe:

Diese Ausländerin, die einen zögerlichen Familienvater dazu treibt, sein Heim zu zerstören … herrscht über diese armen Menschen: über den Mann, die Ehefrau, die Kinder … Raffiniert wendet sie ihre Wissenschaft an und lässt die ausgeklügelten Methoden erkennen, mit denen sie diese einfache Frau quält, um sie in die Verzweiflung zu treiben und den Bruch zu erzwingen.

Vor Maries Haus versammelte sich eine aufgebrachte Menschenmenge, verschreckte ihre Töchter und machte sie quasi zur Gefangenen im eigenen Haus. Freunde boten der Familie an, bei ihnen zu wohnen, außer Reichweite des Mobs. Einige drängten Marie, Paris zu verlassen, andere schlugen sogar vor, sie solle das Land verlassen. Marie protestierte: Sie sei Französin, ihre Töchter seien Französinnen und sie würden unter keinen Umständen nach Polen oder sonst wohin fliehen.

König Gustav V. von Schweden, Tischherr Marie Curies bei der Nobelpreisverleihung 1911

LANGEVINS DUELL

Nach der Veröffentlichung der privaten Korrespondenz zwischen Marie und ihm war Langevin überzeugt, dass ihm keine andere Wahl blieb, als den Herausgeber Gustave Téry zum Duell zu fordern. Er hatte nicht nur schlecht über Marie geschrieben, sondern auch Langevin als »Feigling« bezeichnet, der zugelassen habe, dass der Ruf seiner Frau »durch den Schmutz gezogen« werde, sich aber gleichwohl hinter ihren Röcken zu verstecken schien.

Zur vereinbarten Stunde trafen sich die Männer in einem Pariser Park, die Pistolen wurden geladen, und man stellte sich in der entsprechenden Entfernung auf. Als jedoch der Augenblick zum Abfeuern gekommen war, hob der Herausgeber seine Pistole nicht. Als er das sah, senkte auch Langevin die seine. Das Duell war vorüber, ohne dass ein Schuss abgegeben worden war. Später sagte der Herausgeber, so schlimm der private Fehltritt Langevins auch gewesen sein möge, es solle kein Franzose »die französische Wissenschaft eines kostbaren Geistes« berauben.

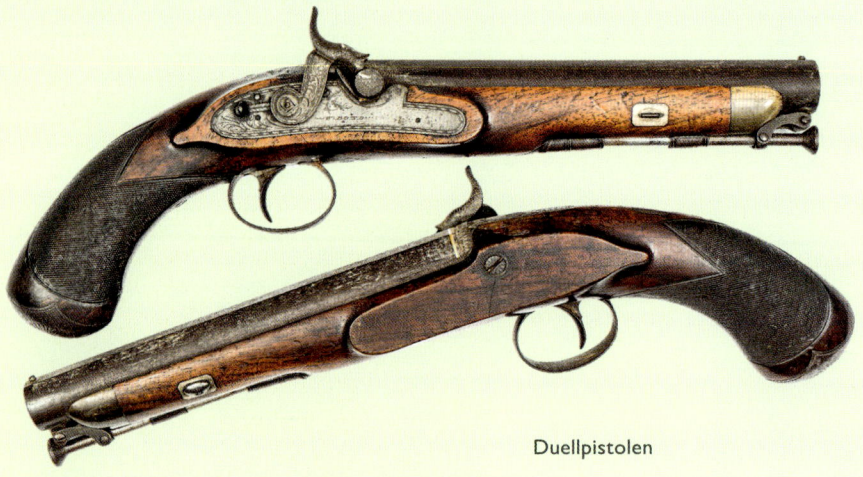

Duellpistolen

Als Marie klar wurde, dass der Skandal auch das Nobel-Komitee erreichen würde, schrieb sie nach Stockholm und bot an, der Preisverleihung fernzubleiben. Zunächst tat das Komitee diesen Vorschlag als vollkommen unnötig ab, aber als die Korrespondenz zwischen Marie und Langevin veröffentlicht wurde und das Komitee von dem Duell erfuhr, wurde Marie gebeten, nicht an der Zeremonie teilzunehmen. Man deutete sogar an, dass ihr der Preis möglicherweise nicht zuerkannt worden wäre, hätte die Veröffentlichung der Briefe früher stattgefunden.

Das führte bei Marie zu einem Sinneswandel. Sie antwortete, dass sie nun ganz sicher nach Stockholm kommen würde:

Was Sie mir vorschlagen, wäre aus meiner Sicht ein grober Fehler ... Ich bin der Auffassung, dass zwischen meiner wissenschaftlichen Arbeit und meinem Privatleben keine Verbindung besteht ... Ich kann den Gedanken grundsätzlich nicht akzeptieren, dass die Anerkennung des Wertes einer wissenschaftlichen Leistung durch eine verleumderische Rufschä-

digung, die mein Privatleben betrifft, beeinflusst werden sollte. Ich bin überzeugt, dass viele Menschen diese Meinung teilen. Ich bin sehr betrübt, dass Sie diese Meinung nicht teilen.

Im Dezember reiste Marie zur Nobelpreis-Verleihung in Stockholm, begleitet von ihrer Schwester Bronia und Irène. In ihrer Nobel-Vorlesung sprach sie über Radioaktivität wie ein Elternteil über sein Kind, beschrieb die Schwierigkeiten ihrer Arbeit und betonte, wie stolz sie war, seine Schönheit zu betrachten. Sie erinnerte an viele andere, die ihren Beitrag zur »Geburt« geleistet hatten, vor allem an Pierre, und verlieh der Hoffnung Ausdruck, die Radioaktivität würde noch zur Entdeckung weiterer Elemente führen.

Etwa zur gleichen Zeit wurde die juristische Auseinandersetzung zwischen den Langevins beigelegt, und sie einigten sich außergerichtlich. Langevin gab seine Schuld zu, Madame Langevin erhielt das Sorgerecht für die vier Kinder, während der Vater seine Kinder sonntags und in den Ferien sehen würde. Darüber hinaus erhielt Madame Langevin eine monatliche Zahlung von ihrem Mann. Marie hatte auf einen Prozess gehofft, aber Langevin wollte nicht öffentlich gegen die Mutter seiner Kinder vorgehen.

Einige Jahre später versöhnten sich die Langevins wieder. Jahre später hatte Langevin eine andere Geliebte, eine junge Physikerin, der Marie auf Langevins Bitten hin einen Platz in ihrem Labor im Radium-Institut und später eine Empfehlung für ein Stipendium gab. Sie hieß Eliane Montel (1898–1992) und brachte einen Sohn zur Welt, Paul-Gilbert Langevin (1933–1986), der später ein bedeutender Musikwissenschaftler wurde.

Es gibt keine überzeugenden Hinweise darauf, dass Langevin und Marie ihre Beziehung nach 1911 fortsetzten. Er sprach den Rest seines

Lebens bewundernd von Marie und bedauerte oft, nicht mehr zu ihrer Verteidigung beigetragen zu haben. Von Maries Seite her blieb es bei einer Freundschaft, doch das Ganze hatte ihr einen hohen Preis abverlangt. Zum Jahreswechsel war ihr Gesundheitszustand kritisch, sie war körperlich und psychisch am Ende ihrer Kräfte.

Paul-Gilbert Langevin, Musikwissenschaftler und Sohn von Paul Langevin

ERHOLUNG

OBWOHL MARIE IN DEN FOLGENDEN DREI JAHREN AN ALLEN ENTWICKLUNGEN DER WISSENSCHAFT LEBHAFTEN ANTEIL NAHM, KONNTE SIE SICH WEGEN IHRES GESUNDHEITSZUSTANDS NICHT WIE GEWOHNT IN IHRE ARBEIT STÜRZEN. SIE LITT AN EINER ENTZÜNDUNG DER NIEREN UND DER NIERENBECKEN.

Ursprünglich war sie gegen eine Operation, doch im März 1912 stimmte sie endlich zu. Wie genau die Operation verlief, ist unbekannt. Danach ging es ihr so schlecht, dass sie sogar für den Fall ihres Todes vorsorgte.

1913 hatte sie sich wieder so weit erholt, dass sie nach Warschau reisen und die Eröffnung des Instituts feiern konnte, das sich dem Studium der Radioaktivität widmete. Dort hielt Marie zum ersten Mal in ihrem Leben eine wissenschaftliche Vorlesung in ihrer Muttersprache und erlebte unmittelbar, welchen Schaden das russische Regime ihrem Vaterland auch weiterhin zufügte. Sie beklagte die »barbarische und widersinnige Herrschaft« und bewunderte, was ihre Landsleute alles taten, um das »sittliche und geistige Leben zu verteidigen«.

Im Herbst 1913 unternahm sie mit Einstein eine Wanderung in den Schweizer Alpen. Begleitet wurden die beiden von Maries Töchtern und Einsteins Sohn. Ève erinnert sich, wie sie vorbei an Schluchten wanderten und steile Felsen hinaufkeuchten und Einstein manchmal plötzlich stehen blieb, um ein Problem darzulegen, das ihn beschäftigte. Einmal erklärte er: »Sie begreifen, dass ich ganz genau wissen muss, was den Insassen eines Aufzuges geschieht, der ins Leere fällt …«

Albert Einstein und Marie Curie (um 1929)

GENESUNG AUF REISEN

Im Verlauf ihrer langwierigen Rekonvaleszenz reiste Marie von einem Ort zum anderen. An jedem neuen Ort hoffte sie, Bedingungen vorzufinden, die ihrer Erholung förderlich waren, aber sie wollte auch unbedingt jede Öffentlichkeit vermeiden. So verwendete sie unterschiedliche Pseudonyme und hielt ihre Aufenthaltsorte geheim, damit die Presse sie nicht aufspüren konnte. Aufgrund dieses unsteten Lebens konnte sie natürlich weder ihre Forschungsarbeiten fortführen noch ihre Lehrtätigkeit ausüben, wofür sie ihre Kollegen an der Sorbonne um Verständnis bat.

Marie wandte ihre wissenschaftliche Methodik auch auf ihre eigene Erholung an und notierte genau, wie viel Wasser sie täglich trank und ausschied und ob der Urin Eiter enthielt, sie hielt ihre Körpertemperatur sowie Ort und Charakteristik ihrer Schmerzen fest. Natürlich trugen diese akribischen Beobachtungen nicht wirklich zu ihrer Genesung bei, aber für sie war es ein Weg, mit der Krankheit umzugehen, die sie so wenig beeinflussen konnte.

Das Radium-Institut in Paris, dessen Bau 1911 begann

In Paris kooperierten mittlerweile die Universität und das Pasteur-Institut und bauten in einer Straße, die nach Pierre Curie benannt worden war, ein Radium-Institut, dessen Leitung Marie übernehmen sollte. Dieses Institut sollte sowohl physikalische Forschungsarbeiten über Radioaktivität durchführen als auch biomedizinische Untersuchungen über deren Anwendung bei der Behandlung von Krebs und anderen Krankheiten. Während die Gebäude errichtet wurden, kümmerte Marie sich um das Gartengelände, pflanzte eigenhändig Blumen und ließ Bäume setzen.

Ève berichtet von der Eröffnung des neuen Radium-Instituts und seinem Curie-Pavillon, als beide schließlich im Sommer 1914 fertig waren. Marie rief ihrer Zuhörerschaft Worte von Louis Pasteur in Erinnerung:

Falls die Errungenschaften der Menschheit Ihr Herz berühren ... – dann bestärke ich Sie darin, sich für diese heiligen Hallen zu interessieren, denen der ausdrucksstarke Name Laboratorium verliehen wurde. Sie sind die Tempel der Zukunft, von Wohlstand und Gesundheit. Dort wächst die Menschheit, wird stärker und besser. Dort liest sie in den Werken der Natur, Werken des Fortschritts und der vollkommenen Harmonie, während die eigenen Leistungen zu oft Barbarei, Fanatismus und Zerstörung sind.

Doch leider wurden Pasteurs Träume von unaufhaltsamem Fortschritt und universeller Harmonie, die Träume, die auch Marie hatte, schon sehr bald zunichtegemacht.

links: Louis Pasteur, einer der berühmtesten französischen Wissenschaftler überhaupt, den Marie Curie bei der Eröffnung des Radium-Instituts zitierte

oben: Das Pariser Curie-Museum befindet sich im ehemaligen Radium-Institut

KRIEG

DIE ERMORDUNG DES ÖSTERREICHISCHEN THRONFOLGERS FRANZ FERDINAND IM JUNI 1914 IN SARAJEWO FÜHRTE GERADEWEGS IN DEN ERSTEN WELTKRIEG – UNVERGLEICHLICHE ZERSTÖRUNGEN UND DER TOD VON MEHR ALS 16 MILLIONEN SOLDATEN UND ZIVILISTEN WAREN DIE FOLGE.

Erzherzog Franz Ferdinand von Österreich-Ungarn mit seiner Frau Sophie und den drei Kindern

Das Attentat auf den Erzherzog war ein Akt der Rebellion gegen die Herrschaft Österreich-Ungarns über die Balkanstaaten. Österreich-Ungarn sah nun eine günstige Gelegenheit, gegen die serbischen Nationalisten vorzugehen, sicherte sich die Zusage Kaiser Wilhelms II. für die volle Unterstützung durch das Deutsche Reich und stellte Serbien ein Ultimatum mit beinahe unannehmbaren Forderungen.

Serbien rief Russland um Hilfe an. Innerhalb von Tagen standen die Frontlinien fest: auf der einen Seite Russland, Frankreich und Großbritannien, auf der anderen Österreich-Ungarn und Deutschland. Die Deutschen kämpften an zwei Fronten, im Osten gegen Russland, und um im Westen möglichst schnell die französischen Streitkräfte auszuschalten, marschierten sie durch das neutrale Belgien und begannen mit dem Vormarsch auf Paris.

Im September traten ihnen die französisch-britischen Streitkräfte in der Ersten Schlacht an der Marne entgegen, nur knapp 50 Kilometer vor Paris. Nach mehreren Tagen intensiver Kämpfe schafften sie es, dass sich die Deutschen zurückzogen – Paris war gerettet. Im Laufe des folgenden Jahres wurden weitere große Schlachten ausgetragen, darunter die Schlacht an der Somme und die Schlacht um Verdun. Jede von ihnen kostete ungefähr eine Million Gefallene und Verwundete.

Das Ausmaß der Verluste im Ersten Weltkrieg war um ein Vielfaches höher als bei allen früheren Konflikten. Das lag nicht zuletzt an der neuen Kriegstechnologie: Panzer, Flammenwerfer und Giftgas wurden zum ersten Mal im großen

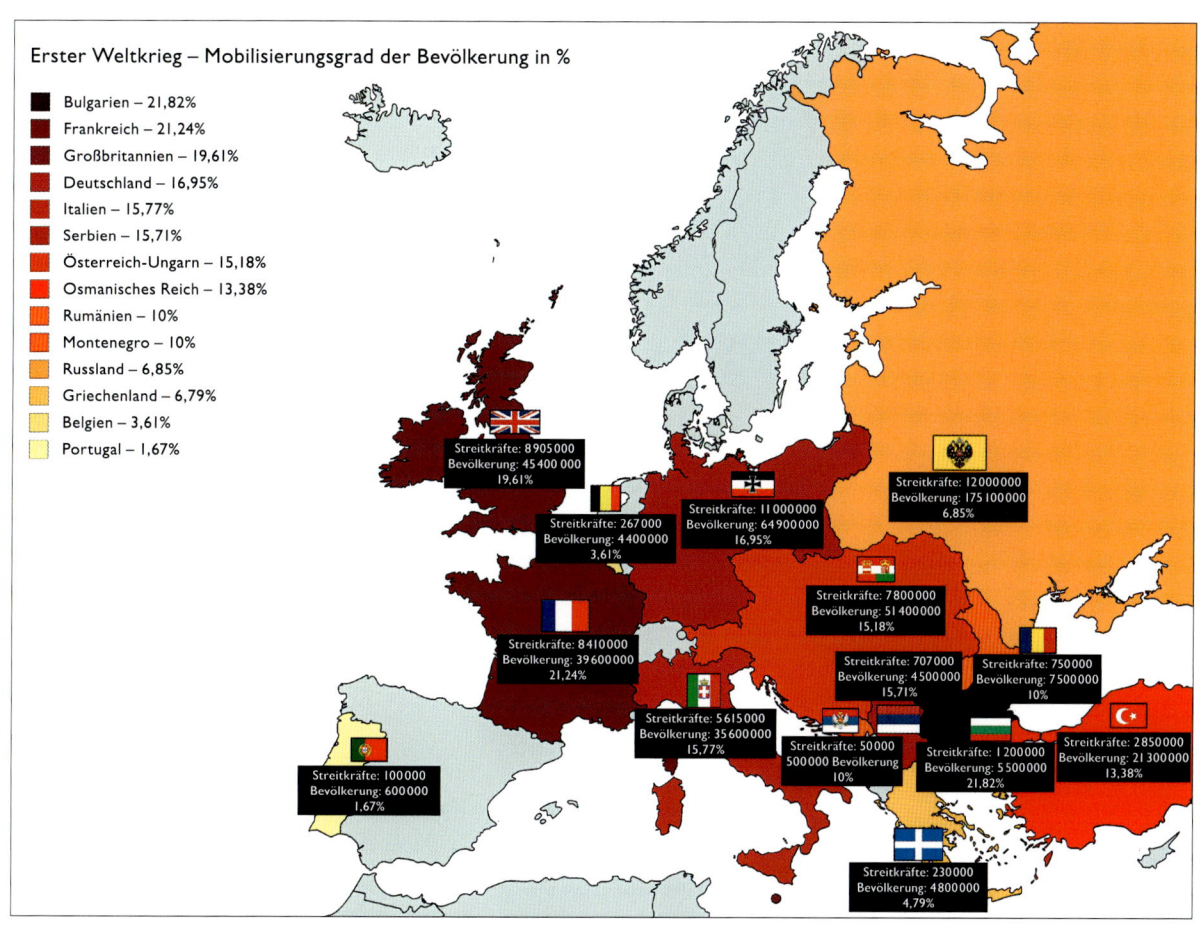

Erster Weltkrieg – Mobilisierungsgrad der Bevölkerung in %

- Bulgarien – 21,82%
- Frankreich – 21,24%
- Großbritannien – 19,61%
- Deutschland – 16,95%
- Italien – 15,77%
- Serbien – 15,71%
- Österreich-Ungarn – 15,18%
- Osmanisches Reich – 13,38%
- Rumänien – 10%
- Montenegro – 10%
- Russland – 6,85%
- Griechenland – 6,79%
- Belgien – 3,61%
- Portugal – 1,67%

Streitkräfte: 8 905 000
Bevölkerung: 45 400 000
19,61%

Streitkräfte: 267 000
Bevölkerung: 4 400 000
3,61%

Streitkräfte: 11 000 000
Bevölkerung: 64 900 000
16,95%

Streitkräfte: 12 000 000
Bevölkerung: 175 100 000
6,85%

Streitkräfte: 7 800 000
Bevölkerung: 51 400 000
15,18%

Streitkräfte: 8 410 000
Bevölkerung: 39 600 000
21,24%

Streitkräfte: 707 000
Bevölkerung: 4 500 000
15,71%

Streitkräfte: 750 000
Bevölkerung: 7 500 000
10%

Streitkräfte: 5 615 000
Bevölkerung: 35 600 000
15,77%

Streitkräfte: 50 000
500 000 Bevölkerung
10%

Streitkräfte: 1 200 000
Bevölkerung: 5 500 000
21,82%

Streitkräfte: 2 850 000
Bevölkerung: 21 300 000
13,38%

Streitkräfte: 100 000
Bevölkerung: 600 000
1,67%

Streitkräfte: 230 000
Bevölkerung: 4 800 000
4,79%

Umfang eingesetzt. Außerdem lagen die Truppen in Schützengräben, was zum sogenannten Stellungskrieg führte, der es für beide Seiten schwierig bis unmöglich machte, weiter vorzurücken – einer der Gründe für den Einsatz von Giftgas. Der Stellungskrieg wurde schon bald zum Synonym für Stagnation und Sinnlosigkeit.

An der Ostfront scheiterte inzwischen Russland daran, die deutschen Linien zu durchbrechen. Innenpolitische und wirtschaftliche Schwierigkeiten sowie die militärische Pattsituation führten zu Aufständen, im Frühjahr 1917 zur Abdankung von Zar Nikolaus II. und

schließlich zur Oktoberrevolution. Nach der Machtübernahme durch die Bolschewiken unter Führung von Wladimir Iljitsch Lenin (1870–1924) unterzeichnete Russland 1917 einen Waffenstillstandsvertrag mit den Mittelmächten (Deutschland, Österreich-Ungarn, Osmanisches Reich und Bulgarien). Nun konnten die Deutschen ihre Truppen an der Westfront einsetzen.

1917 traten die USA aufseiten der Alliierten in den Krieg ein, zum Teil motiviert durch den U-Boot-Krieg der Deutschen, bei dem nicht nur Kriegsschiffe, sondern auch zahlreiche Passagierschiffe versenkt wurden, darunter die britische

Landkarte mit mobilisierten Streitkräften der Nationen im Ersten Weltkrieg

Lusitania. Nach der Frühjahrsoffensive der Deutschen kam es im Sommer 1918 zur Zweiten Schlacht an der Marne gegen französische und amerikanische Truppen. Bei der alliierten Gegenoffensive wurden die Deutschen schließlich zurückgeschlagen.

Der Krieg ging im November 1918 zu Ende, und die Friedensverhandlungen endeten für Deutschland 1919 mit dem Vertrag von Versailles. Er sollte gewährleisten, dass dieser Krieg der letzte aller Kriege sein würde, doch letztlich hatte er genau den gegenteiligen Effekt. Der Vertrag verpflichtete Deutschland zu sehr hohen Reparationszahlungen und verhinderte dessen Beitritt zum neu gegründeten Völkerbund. Die deutsche Verbitterung über die auferlegten Demütigungen und die Ungerechtigkeiten half in den 1930er-Jahren die Saat für den Zweiten Weltkrieg zu legen.

links: Zar Nikolaus II. von Russland

unten: Die *Lusitania* wurde im Mai 1915 vor der irischen Küste versenkt – 1200 Passagiere kamen dabei ums Leben

POLENS WIEDERGEBURT

Eine Sache zumindest entschädigte Marie Curie für die Gräuel des Krieges: Polen, das zwischen Österreich-Ungarn, dem Deutschen Reich und Russland aufgeteilt gewesen war, entstand neu. Das war sowohl eine Folge der Russischen Revolution als auch eine Folge des Eintritts der USA in den Krieg. US-Präsident Woodrow Wilson (1856–1924) ergriff bei Kriegsende die Gelegenheit, die Demokratie in den europäischen Ländern zu fördern, und befreite Polen von der Herrschaft der Mittelmächte. Die Zweite Polnische Republik wurde im November 1918 ausgerufen.

Landkarte Europas nach dem Krieg mit dem wiederhergestellten Polen

MILITÄRISCHE RADIOLOGIE

MIT AUSBRUCH DES KRIEGES UND MOBILMACHUNG DER TRUPPEN IM SOMMER 1914 WAR MARIE PLÖTZLICH ZIEMLICH EINSAM.

Fast alle ihre Kollegen waren eingezogen worden und ihre Töchter hatte sie schon in den Sommerurlaub an die Küste geschickt. Eigentlich hatte Marie ihnen bald nachreisen wollen, aber sie hatte das Gefühl, sie dürfe das Labor nicht im Stich lassen. Sie blieb in Paris und ermahnte die Mädchen, besonders Irène, geduldig und tapfer zu bleiben.

Die beiden nach Hause zu holen, kam nicht infrage. Der Vormarsch der deutschen Truppen auf Paris ging rasch voran, sie würden Paris vielleicht schon bald besetzen. Marie wollte die Stadt nicht verlassen, denn sie fürchtete, die Deutschen würden ihr neues Laboratorium zerstören oder, schlimmer noch, das kostbare Radium beschlagnahmen. Um das zu verhindern, organisierte Marie den Transport des Radiums an einen sichereren Ort, nach Bordeaux, und bewerkstelligte ihn eigenhändig, die wertvolle Fracht versiegelt in einer mit Blei ausgekleideten Tasche.

Marie fühlte sich Frankreich gegenüber, dem Geburtsland ihres Mannes und ihrer Töchter, vollkommen verpflichtet. Sie hatte das Preisgeld ihres zweiten Nobelpreises auf ein Schweizer Bankkonto gelegt, doch nun investierte sie es in französische Kriegsanleihen, um Frankreich zu unterstützen, im vollen Bewusstsein, dass das meiste, wenn nicht das ganze Geld wahrscheinlich verloren war, und genau so kam es auch. Immerhin hatte sie getan, was sie konnte.

Marie wollte darüber hinaus die beiden goldenen Nobelpreismedaillen einschmelzen lassen und mit dem Erlös Frankreich weiter unterstützen, doch Beamte der Bank erkannten die nationale Bedeutung der Medaillen und weigerten sich, sie herauszugeben. Wenn Marie Frankreich weiterhin helfen wollte, konnte sie das nicht mehr durch Spenden tun, aber sie konnte ihre Zeit und ihr Talent zur Verfügung stellen.

Eine solche Möglichkeit bot sich an: Die Röntgenstrahlung, die Wilhelm Röntgen gut zwei Jahrzehnte zuvor entdeckt hatte, ermöglichte Einblicke in den menschlichen Körper, ohne dass man ihn dafür aufschneiden musste. In Kriegszeiten wären Ärzte also in der Lage, Kugeln und Granatsplitter ausfindig zu machen, ohne dass sie die Verwundeten zuvor langwierig operieren und Fremdkörper im Gewebe suchen mussten. Das würde sowohl das Infektionsrisiko als auch die Anzahl der Amputationen und Todesfälle senken.

Frankreichs größte Physikerin erkannte das militärische Potenzial der Röntgenstrahlung besser als irgendjemand sonst. Sie erkundigte

links: Marie Curie am Steuer eines Fahrzeugs, das sie als Röntgenwagen ausgestattet hatte

unten: Röntgenwagen des französischen Militärs während des Ersten Weltkriegs

Irène Curie steigt aus einem französischen Röntgenauto aus

sich, ob die französische Armee eine solche Ausrüstung besaß, das Personal, um sie zu bedienen, und das erforderliche Fachwissen, um sie instand zu halten. Dem war nicht so, und für Marie eröffnete sich eine Möglichkeit, bei der sie ihre wissenschaftlichen und technischen Fachkenntnisse einsetzen und praktischen Nutzen daraus ziehen konnte. Sie würde ihr Land in einem kritischen Augenblick seiner Geschichte unterstützen und verwundeten Soldaten und Zivilisten helfen.

Marie erkannte, dass die Röntgengeräte nicht viel nutzten, solange sie nur in den Krankenhäusern standen. Damit Verwundete also nicht umständlich zu den Krankenhäusern transportiert werden mussten, entwarf Marie mobile Röntgenstationen. Die Röntgenapparate waren nicht allzu schwer, das Problem bestand vor allem in der Frage, woher man genügend Strom bekam, um sie zu betreiben.

Maries Lösungsansatz war genial. Sie überredete Freunde, Bekannte und potenzielle Gönner, ihr ihre Autos zu leihen. Dann stattete sie diese mit Röntgengeräten, Untersuchungsliegen und anderem notwendigen Gerät aus. Zuerst wollte

sie gasbetriebene elektrische Generatoren in den Fahrzeugen installieren, aber das hätte die Wagen mehrere Hundert Pfund schwerer gemacht. Also verwendete sie die Motoren der Wagen, um die Generatoren anzutreiben.

Als Marie ihren ersten Röntgenwagen in Aktion sah, wurde ihr rasch klar, dass man noch viele weitere brauchen würde. Sie setzte alle Hebel in Bewegung, um Fahrzeuge, Röntgenausrüstung und Mitarbeiter für ihre Sache zu bekommen, und schaffte es schließlich, 20 Wagen auszustatten. Doch sie schickte auch noch etwa 200 Röntgenstationen an die Front. Das alles trug dazu bei, dass zahlreiche Verwundete gut versorgt werden konnten.

Natürlich waren die Herausforderungen nicht nur technischer Natur, Marie musste auch die Ärzte überzeugen. Viele von ihnen hatten nur wenig Erfahrung mit Röntgenstrahlung und mussten erst von Sinn und Zweck des neuen Bildgebungsverfahrens überzeugt werden. Dann musste man ihnen beibringen, wie man die Röntgenaufnahmen »las«, um die genaue Lage der Objekte im Körper auszumachen. Sie musste zudem die skeptische Militär-Bürokratie überwinden, die, trotz Maries Berühmtheit, ihrer Hingabe und ihren organisatorischen Fähigkeiten, nicht erlauben wollte, dass eine Frau sich einfach selbstständig in der Nähe der Frontlinien bewegte.

Ungeachtet ihrer erstaunlichen Energie musste Marie erkennen, dass auch ihr Grenzen gesetzt waren. Selbst wenn sie jeden Tag 24 Stunden ohne Pause gearbeitet hätte – mehr konnte sie nun mal nicht leisten. Also begann sie andere, überwiegend Frauen, für die röntgenologische Arbeit auszubilden. Zu diesem Zweck gründete sie eine Röntgenschule, die Frauen aus den unterschiedlichsten Schichten und Lebenssituationen besuchten, 150 von ihnen machten dort ihren Abschluss.

WIE DIE MUTTER, SO DIE TOCHTER

Irène, die sich ebenfalls unbedingt nützlich machen wollte, trat schließlich in die Röntgenschule ihrer Mutter ein. Sie war im Herbst 1914 nach Paris gekommen und unterbrach nun ihr Studium, um ihre Röntgenausbildung zu machen. Sie begleitete ihre Mutter auf deren Fahrten an die Front und lernte alles über die radiologische Ausstattung. So trat sie, kaum erwachsen, bald in die Fußstapfen ihrer Mutter, reiste von einer Röntgenstation zur nächsten und half bei der Lösung zahlreicher technischer Probleme.

Während sie Vollzeit als Lehrerin an der Röntgenschule arbeitete, fand Irène auch noch die Energie, ihr Studium fortzuführen, das sie in den Fächern Mathematik, Physik und Chemie bald mit Auszeichnung abschließen sollte – genau wie ihre Eltern. Marie erfüllte es mit Stolz, dass ihre Tochter so unermüdlich arbeitete und ihrem Land und der Menschheit mit so ausgezeichneten Leistungen diente.

Marie und Irène Curie 1915 in einem belgischen Krankenhaus

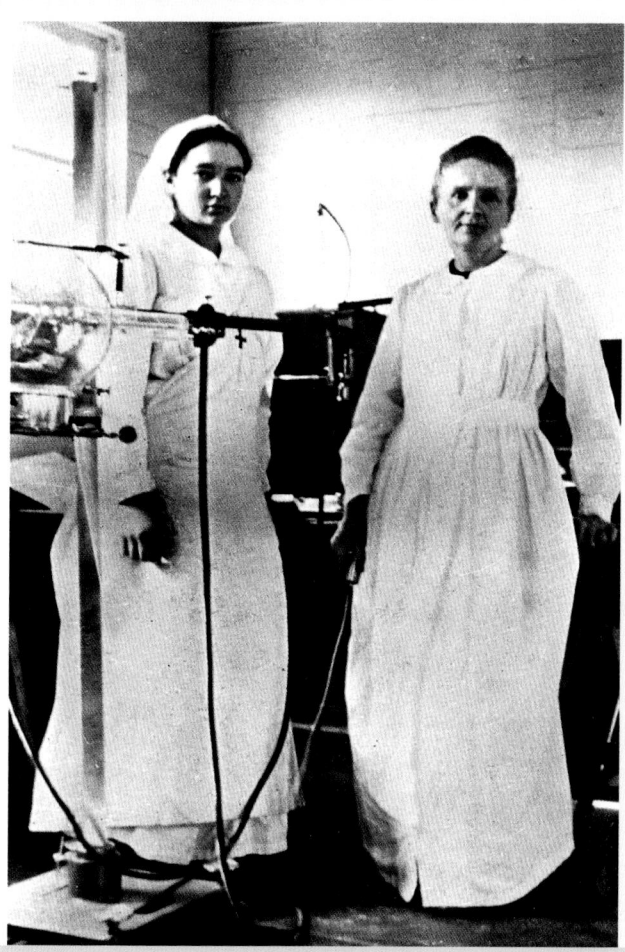

FACULTÉ DES SCIENCES DE PARIS

INSTITUT DU RADIUM

Paris, le 31 octobre 1917

LABORATOIRE CURIE

1, Rue Pierre-Curie, Paris (5ᵉ)

Chère Madame,

J'espérais, quand je vous ai écrit, que Mr Dastre se remettrait de l'accident dont il a été victime. Je suis bien désolée que cette espérance ne se soit pas réalisée et je vous prie d'agréer, pour vous et pour Mlle Dastre, mes condoléances bien sincères. J'aurais désiré bien vivement que cette perte ait pu vous être épargnée.

Veuillez agréer, chère Madame, l'assurance de mes sentiments de sympathie

M. Curie

Ève Curie schätzt, dass die Feldröntgenstationen ihrer Mutter im Verlauf des Krieges zur Versorgung von mehr als einer Million Verwundeter beigetragen haben. Marie kam zur Überzeugung, dass ein eigener Fahrer ein Luxus sei, den sie sich nicht erlauben könne, also machte sie ihren Führerschein. Bei mehr als einer Gelegenheit konnte man die zweifache Nobelpreisträgerin sehen, wie sie den Vergaser reinigte oder einen Reifen wechselte.

Im Januar 1915, kurz davor, ins Feld zu fahren, schrieb sie an Langevin:

Der Tag meiner Abfahrt ist noch nicht bestimmt, es wird aber nicht mehr lange dauern. Ich habe einen Brief bekommen, in dem man mir mitgeteilt hat, dass der Röntgenwagen, der im Gebiet von Saint-Pol Dienst macht, beschädigt wurde. Das heißt, dass der ganze Norden ohne Röntgen-Apparat ist! Ich tue alles, um so schnell wie möglich fortzukommen. Ich bin entschlossen, meine ganze Kraft für mein Adoptiv-Vaterland einzusetzen, da ich meiner eigentlichen Heimat nicht nützlich sein kann, die nun nach mehr als hundertjährigem Leiden in Blut schwimmt.

Viele Monate hindurch hörte Marie nichts aus Polen und von ihren Verwandten und Freunden dort. Lebten sie noch? Welche Not litten sie durch den Krieg? Umso ersehnter war das Kriegsende. Beim Abschluss des Waffenstillstands schmückten Marie und einige ihrer Freunde ein Röntgenauto mit einer Frankreich-Flagge, fuhren in den Straßen von Paris auf und ab und feierten das Ende der Kampfhandlungen.

Sobald die Verbindung mit Polen wieder möglich geworden und ihr Vaterland als unabhängige Nation wiedererstanden war, schrieb Marie an ihren Bruder Joseph:

So haben wir, »in Unterdrückung geboren, in Ketten von der Wiege an« die Auferstehung unseres Landes erlebt, von der wir träumten. Wir hatten nicht gehofft, diesen Augenblick selbst zu erleben, wir hatten geglaubt, dass es erst unseren Kindern vergönnt sein würde, ihn mit Augen zu sehen – und nun ist er da. Unser Land hat dieses Glück teuer bezahlt, es ist wahr, und es wird auch in Zukunft dafür zahlen müssen. Kann man aber die Schatten der augenblicklichen Lage mit der Bitternis und Entmutigung vergleichen, die unser Teil gewesen wäre, wenn Polen nach dem Kriege zerstückelt worden, in Sklaverei zurückgefallen wäre? Ich habe, wie Du, Vertrauen in die Zukunft.

Zu ihrer Überraschung reiste Marie bald selbst in ein Land, das zu Frankreichs wichtigsten Verbündeten gehörte: in die Vereinigten Staaten. Die Frau, die diese Reise eingefädelt hatte und eine gute Freundin von Marie wurde, war eine Journalistin und Herausgeberin namens Missy Meloney.

Handschriftlicher Brief von Marie mit Datum vom 31. Oktober 1917

MISSY MELONEY

MARIE MELONEY, DEN MEISTEN ALS »MISSY« BEKANNT, WURDE 1878 IN KENTUCKY GEBOREN. IHR VATER WAR ARZT, IHRE MUTTER GRÜNDETE DAS *KENTUCKY MAGAZINE.*

Ursprünglich zur Pianistin ausgebildet, führte ein Reitunfall, dazu, dass Missy ihrer Mutter in den Journalismus folgte. Außerdem litt sie an Tuberkulose. Als Feministin machte sie später die spöttische Bemerkung: »Mit 15 war ich lahm, mit 16 lungenkrank, aber gearbeitet habe ich immer wie drei Männer.« 1904 heiratete sie den Herausgeber einer New Yorker Zeitung.

Titelseite einer Ausgabe von *The Delineator* aus dem Jahr 1894 – ab 1920 gab Missy Meloney die Zeitschrift heraus

1920 war sie Chefredakteurin von *The Delineator* geworden, einer angesehenen Frauenzeitschrift. Sie hatte schon seit Jahren versucht, an ein Interview mit Marie Curie zu kommen, aber Marie erteilte solchen Anfragen stets eine Abfuhr. Im Mai 1920 reiste Meloney selbst nach Paris und ließ Marie wissen, sie versuche seit zwei Jahrzehnten, ein Interview mit ihr zu führen. Möglicherweise beeindruckte Marie ihre Hartnäckigkeit, und sie gewährte ihr die Bitte.

Meloney beschrieb ihren ersten Eindruck von Marie so:

Die Tür ging auf, und ich erblickte eine blasse, schüchterne Frau. Niemals zuvor hatte ich ein so trauriges Gesicht gesehen. Sie trug ein schwarzes Baumwollkleid. Ihr wunderbar sanftes und geduldiges Gesicht hatte einen abwesenden, weltabgewandten Ausdruck, wie er Menschen eigen ist, die sich voll und ganz der Wissenschaft hingeben. Ich kam mir plötzlich sehr aufdringlich vor und wurde noch schüchterner als Frau Curie. Seit zwanzig Jahren arbeitete ich als Journalistin, aber ich brachte es nicht fertig, dieser wehrlosen Frau im schwarzen Baumwollkleid auch nur eine einzige Frage zu stellen. Ich begann zu erklären, wie sehr sich die Amerikanerinnen für ihr großes Werk interessieren, ich versuchte sie wegen meiner Aufdringlichkeit um Verzeihung zu bitten.

Marie brachte Meloney gegenüber zum Ausdruck, was sie sich am meisten wünsche, sei ein Gramm Radium, damit sie ihre Forschungen

Marie Curie (im
Sessel sitzend) und
Missy Meloney
(hinter ihr stehend,
links) 1921

weiterführen könne. Obwohl sie zu diesem Zeitpunkt ein recht komfortables Leben führte, war sie bei der wirtschaftlichen Lage im Nachkriegs-Frankreich nicht in der Lage, Radium zu kaufen, dessen Preis bei etwa 100 000 Dollar pro Gramm lag. Meloney bewegte der Gedanke sehr, dass die Entdeckerin des Radiums sich selbst keines leisten konnte, und beschloss das nötige Geld bei den Frauen Amerikas zu beschaffen.

Einzige Bedingung: Wenn sie das Geld zusammen habe, in erster Linie durch kleinere Spenden, müsse Marie in die Vereinigten Staaten kommen und das Geschenk dort entgegennehmen. Marie willigte ein, nachdem sie sich von Missy Meloney hatte zusichern lassen, dass keine amerikanische Zeitung die Langevin-Affäre erwähnen würde. Marie wusste, dass die amerikanischen Labore mehr als 50 Gramm Radium

besaßen, und hoffte, einen Weg gefunden zu haben, um ihre Forschungsarbeiten fortzusetzen.

Als Missy Meloney 1943 starb, war sie fast ein Jahrzehnt lang Herausgeberin von *This Week* gewesen. Eleanor Roosevelt schrieb über sie:

Nach einem Treffen mit »Missy« Meloney war man niemals niedergeschlagen. Manchmal bin ich erschöpft und fürchte, es könne sinnlos sein, gegen geradezu übermächtige Widerstände für Dinge zu kämpfen, an die ich glaube. Doch dann denke ich daran, was Missy sagen würde, und ich drücke mich nicht mehr. Sie hat immer geglaubt, dass Frauen in der Zukunft eine wichtige Rolle spielen müssten. Sie hat nicht nur bedeutenden Frauen wie Marie Curie geholfen, sondern auch vielen kleinen Leuten wie mir selbst. Ich spüre, dass wir unseren Beitrag leisten können. Wir sind verpflichtet, es zu versuchen und zu wachsen.

Missy Meloney, Irène, Marie und Ève Curie bei der Ankunft in New York 1921

EINE ABWECHSLUNGS-REICHE KARRIERE

Während ihres Lebens wurde Missy Meloney durch vielerlei Unternehmungen berühmt. Als junge Frau war sie eine der ersten Reporterinnen, die einen Platz auf der Pressetribüne des US-Senats erhielt. In den 1920er-Jahren organisierte sie, mit dem späteren US-Präsidenten Herbert Hoover (1874–1964) an der Spitze der Organisation, eine Kampagne für bessere Wohnverhältnisse in den USA. Missy Meloney organisierte zudem bundesweite Konferenzen über die Gesundheit von Frauen und Kindern und war eine enge Freundin und Vertraute der First Lady Eleanor Roosevelt (1884–1962).

Eleaonor Roosevelt hielt 1947 bei den UN eine Trauerrede auf Missy Meloney

MARIE IN AMERIKA

IM FRÜHJAHR 1921 REISTEN MARIE UND IHRE TÖCHTER IN DIE USA, UM DAS GRAMM RADIUM PERSÖNLICH ENTGEGENZUNEHMEN. ALLERDINGS HATTE MISSY MELONEY EIN NICHT GANZ KORREKTES BILD VON IHR GESCHAFFEN.

In ihren Spendenaufrufen an die amerikanischen Frauen, Marie bei ihrer wichtigen wissenschaftlichen Arbeit zu helfen, hatte sich Meloney einige Freiheiten genommen und Maries materielle Verhältnisse als wesentlich angespannter dargestellt, als sie tatsächlich waren.

Meloney war es wichtig, dass Marie im Frühjahr in die USA kam, damit das Semester noch lief und Marie in Colleges und Universitäten Ehrendoktorwürden entgegennehmen konnte. Marie weigerte sich, bei der Beschaffung von

MARIE ALS SYMBOLFIGUR

Unter der Regie von Missy Meloney wurde Marie zur Symbolfigur für das notleidende Nachkriegs-Frankreichs. Obwohl sie ihr eigenes Labor hatte, in einer geräumigen Wohnung lebte und sowohl ihr Professorengehalt als auch eine bescheidene Rente von der französischen Regierung bezog, ließ Meloney keine Gelegenheit aus, um zu betonen, wie sehr Marie kämpfen musste. Dass die amerikanische Presse Marie als mittellos darstellte, rief bei ihren Landsleuten Unmut hervor.

Ein weiterer, aus Maries Sicht wesentlich kritischerer Aspekt von Missy Meloneys Öffentlichkeitskampagne lag darin, dass sie das Radium und die Arbeit von Marie so darstellte, als brauche sie das Radium, um ein Heilmittel gegen Krebs zu finden. Nun war Radium zwar medizinisch vielversprechend, doch kein gut informierter Arzt oder Wissenschaftler propagierte es als Heilmittel gegen Krebs. Marie hatte ohnehin gar nicht die Absicht, ihr Radium für medizinische Zwecke einzusetzen, sie wollte damit ihre chemischen Forschungen vorantreiben.

Geld eine aktive Rolle zu spielen, war aber gern bereit, sich Sehenswürdigkeiten wie die Niagarafälle und den Grand Canyon zeigen zu lassen. Ihr Besuchsprogramm sollte sieben Wochen dauern, währenddessen sie bei Dutzenden von Abendeinladungen gefeiert werden sollte, darüber hinaus sollte Marie zehn Ehrendoktorwürden sowie zahlreiche weitere Ehrungen entgegennehmen.

Als ihr Schiff in New York eintraf, wurden Marie und ihre Reisegefährten von einem riesigen internationalen Aufgebot an Reportern erwartet, sowohl die französische als auch die amerikanische Nationalhymne wurden gespielt. Nach einer Tour durch verschiedene Colleges war Marie Ehrengast bei einem Treffen der American Association of University Women. Das verstärkte ihren Eindruck, dass die Frauen in Amerika ermutigt wurden, ihre angestrebten Ziele zu verfolgen. Ihr fiel vor allem der Unterschied zwischen den mürrischen französischen und den lächelnden und begeisterten amerikanischen Studentinnen auf.

Marie war zum Empfang im Weißen Haus bei US-Präsident Warren Harding (1865–1925) eingeladen. Es war, so erinnerte sie sich später (wobei

links: Ankündigung des USA-Besuchs von Marie Curie in der wissenschaftlichen Zeitschrift *Science*

oben: Marie Curie mit Dean Pegram von der School of Engineering der Columbia University

rechts: Empfang bei US-Präsident Warren Harding, Marie und Irène Curie stehen links und rechts von ihm, Missy Meloney ist die Zweite von links

das Wortspiel sicherlich beabsichtigt war), »ein strahlender Tag im Mai«. Nach einer Ansprache, die die Freundschaft zwischen Frankreich und den USA beschwor, überreichte Harding ihr den Schlüssel zu einer Schatulle, in dem angeblich das Gramm Radium lag. In Wirklichkeit wurde es in einem mit Blei ausgekleideten Tresorraum aufbewahrt, und Schlüssel und Schatulle hatten nur symbolischen Charakter.

Doch Marie litt zunehmend unter gesundheitlichen Problemen und erlitt einen Zusammenbruch. An vielen späteren Stationen der Reise besuchten Irène und Ève stellvertretend Abendeinladungen, absolvierten Pressetermine und nahmen Ehrungen im Namen ihrer Mutter entgegen. Die Ärzte, die man konsultierte, machten für ihren schlechten Gesundheitszustand ihre Überarbeitung verantwortlich, sie selbst jedoch vermutete, dass die Arbeit mit dem Radium ihrer Gesundheit geschadet haben könnte. Auf dem Weg zum Grand Canyon legten Marie und ihre Reisegesellschaft einen Zwischenstopp in Chicago ein, und dabei genoss sie es ganz besonders, die große polnische Gemeinde der Stadt zu besuchen.

Marie reiste nach Frankreich zurück, im Gepäck ein Bleikästchen mit zehn hermetisch verschlossenen Glasröhrchen, jedes davon mit 100 Milligramm Radium. Dieser Behälter wird heute im Curie-Museum in Paris gezeigt. Vor ihrer Abreise hatte Marie noch die Radium-Produktionsstätte in Pittsburgh besucht, wo das Radium verfeinert worden war. Obwohl die Reise fürchterlich kräftezehrend gewesen war, hatte sie Marie das beschert, was sie sich am sehnlichsten gewünscht hatte: Das Radium, mit dem sie ihre Forschungen fortsetzen konnte.

Marie kehrte 1929 noch einmal nach Amerika zurück und erhielt erneut Radium als Geschenk vom amerikanischen Volk. Es war nicht für ihre eigenen Forschungen gedacht, sondern für das neue Radium-Institut in Warschau. Diesmal erhielt Marie nicht das Radium selbst, sondern

US-Präsident Hoover überreichte ihr einen Scheck über 50 000 Dollar, was dem Preis von einem Gramm Radium zu dieser Zeit entsprach. Der zweite Besuch war mit wesentlich weniger öffentlicher Aufmerksamkeit verbunden, hauptsächlich deshalb, weil er zeitlich mit dem New Yorker Börsencrash zusammenfiel, der den Beginn der Weltwirtschaftskrise einleitete.

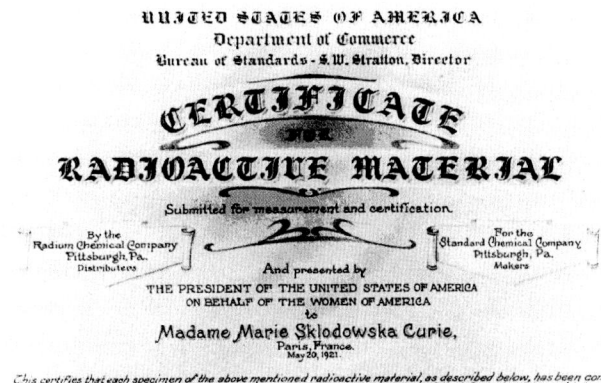

oben: Urkunde über das radioaktive Material, das Marie Curie übergeben wurde

links: Marie Curie und US-Präsident Warren Harding steigen die Treppe des Weißen Hauses hinunter

IRÈNE UND FRÉDÉRIC

FRÉDÉRIC JOLIOT WURDE 1900 IN EINE GROSSE FAMILIE HINEINGEBOREN. DER TOD SEINES VATERS MACHTE DEN BESUCH EINER RENOMMIERTEN UNIVERSITÄT UNMÖGLICH, ALSO GING ER AN DIE HOCHSCHULE FÜR INDUSTRIELLE PHYSIK UND CHEMIE, AN DER SOWOHL PIERRE ALS AUCH LANGEVIN UNTERRICHTET HATTEN.

Nachdem Frédéric seinen Militärdienst abgeleistet hatte, empfahl Langevin ihn Marie für ihre Arbeit im Radium-Institut. Marie war zunächst nicht besonders beeindruckt und ließ ihn von Irène beaufsichtigen.

Frédéric, oder Fred, wie er genannt wurde, war ein vollkommen anderer Mensch als Irène und in vielem geradezu gegensätzlich. Sie war oft so geistesabwesend, dass sie vergaß, ihre Mitarbeiter zu grüßen, wenn sie ins Institut kam, und sie ging vollkommen in ihrer Arbeit auf. Frédéric dagegen war sehr sportlich, extrovertiert, die Art von Mensch, der rasch die Zuneigung aller, mit denen er zusammenarbeitete, gewann.

1925, ein Jahr nachdem Frédéric im Institut angefangen hatte, verteidigte Irène ihre Doktor-

Irène Curie nimmt 1921 stellvertretend für ihre Mutter die Ehrendoktorwürde der Universität von Pittsburgh entgegen

arbeit, die Langevin betreut hatte. Viele Menschen waren bei diesem Ereignis dabei, darunter Reporter aus dem In- und Ausland. Das Radium-Institut verfügte über einen größeren Vorrat an Polonium als jedes andere Labor der Welt, und Irène hatte über die Alphastrahlung von Polonium gearbeitet. Als sie gefragt wurde, wie eine Frau eine so innovative wissenschaftliche Untersuchung durchführen könne, antwortete sie ruhig: »Ich glaube, dass die naturwissenschaftliche Befähigung von Männern und Frauen völlig gleich ist.«

Frédéric blieb nun jeden Tag länger im Labor und begleitete Irène auf dem Heimweg. Bald unternahmen die beiden lange Spaziergänge. Frédéric beschrieb den Beginn ihrer Beziehung später mit folgenden Worten:

Bei näherer Betrachtung entdeckte ich, dass diese junge Frau, die andere für ein bisschen gefühllos hielten, außergewöhnlich war, poetisch und sensibel, und dass sie in mancherlei Hinsicht die Verkörperung dessen darstellte, was ihr Vater gewesen war. Ich hatte viel über Pierre Curie gelesen, und in seiner Tochter fand ich die gleiche Klarheit, Vernunft und Ruhe.

oben: Irène und Marie Curie 1925 im Labor

links: Irène und Frédéric Joliot-Curie im Labor

Weil Irène zu verschiedenen Gelegenheiten mit Marie ins Ausland reiste, wo sie in der Regel die experimentellen Vorführungen für deren Vorträge vorbereitete, schrieb sie an Fred. Diese Briefe enthüllen ihre tiefen Gefühle und wie sehr sie sich danach sehne, ihn zu umarmen. Er seinerseits schrieb ihr, dass ihm das Labor seit ihrer Abreise sehr leer vorkomme. 1926 heirateten die beiden standesamtlich und änderten ihren Nachnamen in Joliot-Curie.

Irène wurde schwanger, und Maries erstes Enkelkind Hélène kam 1927 zur Welt. Kurz darauf nahm Marie an der fünften Solvay-Konferenz teil, bei der es zu berühmten Einstein-Bohr-Debatte kam. Auf Drängen seiner Schwiegermutter holte Fred sein Abitur nach, das er wegen des Krieges nicht hatte ablegen können, und promovierte mit einer Arbeit über Elektrochemie der radioaktiven Elemente. 1932 beka-

men er und Irène einen Sohn, Pierre. Er wurde später Biochemiker, Hélène Nuklearphysikerin.

1935 erhielten die Joliot-Curies den Chemie-Nobelpreis. Ihre Entdeckung leitete eine neue Ära von relativ preisgünstig zu produzierenden Radioisotopen ein. Sie spielten bald eine wichtige Rolle in der biologischen Forschung wie auch in der medizinischen Behandlung. Irène und Frédéric erhielten 1937 eine Professur der Naturwissenschaftlichen Fakultät am Collège de France. Frédéric begann mit dem Bau eines Teilchenbeschleunigers für die Produktion von Radioisotopen und forschte zur Kernspaltung.

Zu Beginn des Zweiten Weltkriegs legten die Joliot-Curies ihre wissenschaftlichen Ergebnisse

Irène und Frédéric Joliot-Curie bei der Verleihung des Nobelpreises 1935

BAHNBRECHENDE FORSCHUNGSARBEITEN

In den 1930er-Jahren hatten die Experimente der Joliot-Curies überraschende Resultate erbracht. Sie zeigten, dass Beryllium, mit Alphastrahlen beschossen, eine sehr viel stärkere Strahlung abgab. Ein junger Kollege von Ernest Rutherford, James Chadwick, war der Erste, der diese Ergebnisse richtig zu deuten wusste: Die Joliot-Curies beobachteten ein Teilchen, das Rutherford bereits postuliert hatte – das Neutron. Sie hatten etwas Neues entdeckt, aber ihre Ergebnisse nicht korrekt interpretiert.

Indessen führten sie schon bald ein Experiment durch, das eine neue Epoche in der Wissenschaft des 20. Jahrhunderts einläutete. Sie beschossen Aluminium mit Alphastrahlen und entdeckten, dass sie künstliche Radioaktivität produzierten, kurzlebige Radioisotope, und tatsächlich ein Element in ein anderes umwandelten. Damit verwirklichten sie den Traum, der die Vorläufer in der Chemie, die Alchimisten, so lange beschäftigt hatte. Sie verwandelten Aluminium in ein radioaktives Isotop (radioaktives Phosphor), das zu stabilem Silikon zerfiel.

in einen Tresor, und als die deutschen Truppen 1940 vorrückten, brachte Frédéric die wichtigsten Unterlagen nach Großbritannien. 1946 übernahm Irène die Leitung des Radium-Instituts, und 1948 begleiteten die Joliot-Curies den Bau und die Inbetriebnahme des ersten französischen Kernreaktors. Es ist größtenteils ihren Leistungen zu verdanken, dass Frankreich heute etwa 75 Prozent seines Energiebedarfs mit Kernenergie deckt.

In den 1950er-Jahren verschlechterte sich Irènes Gesundheitszustand. Sie litt an Fieber, nahm stark ab, worauf Leukämie bei ihr diagnostiziert wurde. Sie starb im März 1956 im Alter von 58 Jahren. Frédéric übernahm ihren Lehrstuhl an der Universität und wurde Leiter des Radium-Instituts, starb aber zwei Jahre darauf. In beiden Fällen vermuteten die Ärzte, dass der Tod durch die starke radioaktive Strahlung beschleunigt worden war.

James Chadwick schrieb in seinem Nachruf:

Sie wusste, was sie wollte, und sie sagte es auch, manchmal vielleicht mit geradezu verheerender Offenheit; aber ihre Bemerkungen waren geprägt von solcher Hochachtung für die wissenschaftliche Wahrheit und von solch bemerkenswerter Aufrichtigkeit, dass sie einem stets größten Respekt abnötigten. In ihrer gesamten Arbeit, ob im Labor, bei wissenschaftlichen Diskussionen oder in Arbeitsgruppen, stellte sie höchste Ansprüche an sich und erfüllte jede Aufgabe, die sie übernommen hatte, mehr als gewissenhaft.

Marie, Irène, die Kinder Hélène und Pierre, Frédéric und seine Mutter Emilie

MARIES TOD

DIE LETZTEN JAHRE VON MARIE CURIE WAREN SCHWIERIG. IHRE FINGER WAREN STEIF GEWORDEN, GENAU WIE FRÜHER DIE VON PIERRE, VERMUTLICH WEIL SIE SO VIEL STRAHLUNG AUSGESETZT GEWESEN WAREN.

Ihr Sehvermögen war durch den Grauen Star eingetrübt, eine weitere, heutzutage bekannte Langzeitfolge des Umgangs mit radioaktiven Substanzen. Sie war, was ihre Arbeit anging, nicht mehr so belastbar wie früher, und es freute sie sehr, dass Irène und Frédéric, dessen Integrität sie anfangs angezweifelt hatte, nun ihre wissenschaftliche Arbeit fortsetzten.

Marie empfand nach Frédérics Auffassung eine letzte große Befriedigung, als sie Zeugin der Umwandlung von Elementen wurde, die er und Irène zuwege gebracht hatten. Er erinnert sich, wie er das Experiment am Nachmittag dieses schicksalhaften Tages Mitte Januar 1934 für Marie und Langevin wiederholte:

Nie werde ich den Ausdruck tiefster Freude vergessen, die sie überkam, als Irène und ich ihr das erste künstlich erzeugte radioaktive Element in einem kleinen Glasröhrchen zeigten. Ich sehe sie noch vor mir, wie sie, schon ziemlich schwach, dieses kleine Röhrchen mit der radioaktiven Verbindung in ihre vom Radium zerstörten Hände nahm. Um zu überprüfen, was wir da erzählten, hielt sie den Geigerzähler daran, und sie konnte das Klicken hören … Es war ohne jeden Zweifel die letzte große Freude ihres Lebens.

Marie kam immer seltener ins Labor. Nach einem Besuch im Mai ging sie früh und klagte über Fieber und Kopfschmerzen. Die Ärzte, die sie untersuchten, diagnostizierten Tuberkulose. Man beschloss sie zur Kur in ein Sanatorium in den französischen Alpen zu schicken, begleitet von Ève. Nach der anstrengenden Reise wurden

LEBENSPHILOSOPHIE

Maries Neujahrsbrief 1930 an Irène und Frédéric vermittelt etwas von ihrer damaligen Lebensphilosophie:

Ich hoffe, es wird ein Jahr voll guter Gesundheit, guter Gemütsverfassung und guter Arbeit, in dem Ihr jeden Tag Freude am Leben empfindet. Ihr solltet die Tage nicht erst im Rückblick zu schätzen wissen und nicht alle Hoffnung auf Freude in kommende Tage setzen. Je älter man wird, desto mehr spürt man, dass man die Gegenwart genießen muss; sie ist eine wertvolle Gabe, vergleichbar einem Zustand der Gnade.

Der Tod von Maries Schwester und Mutter in frühester Kindheit hatte ihr den Glauben an einen Gott genommen, der die Menschen beschützt und über sie wacht. Doch in diesem Brief drückt Marie eine beinahe religiöse Dankbarkeit für jeden Tag aus und vergleicht das mit einem Zustand der Gnade. Glück, wenn man es denn überhaupt finden kann, liegt nicht darin, von einem Tag zum nächsten zu hetzen. Es besteht darin, jeden Tag als ein Geschenk wertzuschätzen, für das man dankbar ist und das man feiert.

Marie Curie 1931

dort weitere Untersuchungen durchgeführt, die gegen die erste Diagnose sprachen und stattdessen von einer schweren Anämie ausgingen.

Ève erinnerte sich an die letzten Stunden ihrer Mutter:

Am 3. Juli, vormittags, kann Madame Curie ein letztes Mal von dem Thermometer, das sie mit zitternder Hand hält, ihre Temperatur ablesen und den Rückgang des Fiebers feststellen, der stets dem Ende vorangeht. Ein Lächeln erhellt ihr Gesicht. Da man ihr versichert, dass dies das erste Anzeichen der Genesung bedeute, sagt sie mit einem hoffnungsvollen Blick durch das offene Fenster, zur Sonne, zu den Bergen hin: »Nicht die Medikamente haben mir geholfen – sondern das Land, die Höhenluft …«

Marie starb in den frühen Morgenstunden des 4. Juli 1934. In seinem abschließenden Bericht schrieb ihr Arzt: »Es handelt sich um eine aplastische perniziöse Anämie mit sich schnell entwickelndem Fieber. Das Knochenmark aber hat nicht reagiert, wahrscheinlich weil es von der Strahlung zu stark angegriffen war.« Später vermuteten die Ärzte, dass Marie an einer Form von Leukämie gestorben war, die verhindert hatte, dass die Stammzellen im Knochenmark neue rote und weiße Blutzellen produzierten.

Am gleichen Tag meldete Leó Szilárd (1898–1964), ein ungarischer Physiker, ein Patent über ein Verfahren an, das auf die Energie im Atomkern zugreifen und eine enorme Explosionskraft hervorrufen würde. Jahre später war Szilárd in den Vereinigten Staaten an der ersten nuklearen

links: Marie Curie bei der Einladung zu einem
Galadiner der American Cancer Society

oben: Leó Szilárd, der ein Patent für die
neutroneninduzierte nukleare Kettenreaktion
einreichte

Das Grab von Marie und Pierre Curie
im Panthéon in Paris

Kettenreaktion beteiligt, die später die Atombombe ermöglichte. Zwei solcher Bomben, »Little Boy« und »Fat Man« genannt, wurden im August 1945 auf Hiroshima und Nagasaki abgeworfen.

Marie wurde am 6. Juli 1934 nur in Anwesenheit ihrer Angehörigen und einiger enger Freunde beigesetzt. Es gab weder Feierlichkeiten noch blumige Reden, die Zeremonie war schlicht und kurz, ganz wie Marie es sich gewünscht hätte. Ihr Sarg wurde auf den von Pierre hinuntergelassen, ihre Geschwister warfen ihr polnische Erde ins Grab, die sie aus der Heimat mitgebracht hatten.

Obwohl sie auf den Fotos gut zehn Jahre älter wirkt als 66, war ihr Leben doch vorzeitig zu Ende gegangen.

1995 wurden die sterblichen Überreste von Pierre und Marie Curie exhumiert und im Pariser Panthéon, der letzten Ruhestätte der größten Helden Frankreichs, neu zur Ruhe gebettet. Marie wurde die erste Frau, die für ihre eigenen Verdienste dort liegt, neben Größen der französischen Kultur wie Voltaire (1694–1778), Rousseau (1712–1778) und Victor Hugo (1802–1885). Auch zwei Physikerkollegen Maries fanden dort ihre letzte Ruhestätte: Jean Perrin (1870–1942) und Maries Partner und langjähriger Freund Paul Langevin.

Bei der Exhumierung maß man die Strahlung, die von den Särgen und den sterblichen Überresten von Marie und Pierre ausging. Hohe radioaktive Werte wären ein Beweis dafür, dass die Curies durch die Radioisotope, die sie entdeckt hatten, ums Leben gekommen waren. Die gemeinsame Erklärung von zwei Teams, die die Messungen durchgeführt hatten, kam zu folgendem Schluss:

Die Exhumierung von Pierre und Marie Curie wurde am Freitag, den 14. April 1995 vorgenommen und dauerte anderthalb Stunden. Messungen der Strahlendosis, Luftproben und Analyse der Holzsärge zeigten keine signifikante Radioaktivität. Die Ergebnisse bestätigten, dass weder für die Arbeiter noch für die Öffentlichkeit oder die Umwelt ein Strahlungsrisiko besteht. Wie zu erwarten, wurden an den Särgen von Pierre und Marie Curie Spuren von Radium-226 gefunden.

Die niedrigen Strahlungswerte an Maries Leichnam deuten laut Expertenmeinungen darauf hin, dass ihr Tod wahrscheinlich weniger der Kontamination durch Radium oder Polonium zuzuschreiben ist als vielmehr der hohen Anzahl von Röntgenuntersuchungen, die sie im Ersten Weltkrieg durchgeführt hat. Dass zum Zeitpunkt ihres Todes wenig Radioaktivität in ihrem Körper zu finden war, beweist jedoch nicht, dass sie nie mit Radium versucht gewesen ist, denn Radium wird über die Jahre vom Körper abgebaut.

Eines jedoch ist sicher: Die Laboreinrichtung und die Notizhefte der Curies aus den 1890er-Jahren sind so stark radioaktiv, dass es

zu gefährlich ist, sie ohne spezielle Schutzkleidung zu berühren. Sogar Maries Kochbuch ist radioaktiv verseucht. Wer diese Artefakte sehen will, muss Schutzkleidung anlegen und eine besondere Erklärung unterschreiben. Die Halbwertszeit von Radium beträgt 1600 Jahre – die Schutzmaßnahmen werden also auch in Zukunft noch lange Zeit notwendig sein.

Artikel über den Tod von Marie Curie, *The Daily Mirror* vom 5. Juli 1934

MARIES VERMÄCHTNIS

MARIE CURIE WAR EIN BEMERKENSWERTER MENSCH. ZWEIFELLOS VON HOHER INTELLIGENZ, ZEICHNETE SIE SICH DURCH AUSSERGEWÖHNLICH GROSSE NEUGIERDE UND ZIELSTREBIGKEIT AUS.

Gedenktafel, die an das erste Laboratorium von
Maria Curie-Skłodowska in Warschau erinnert

Sie arbeitete beharrlich weiter, unter Umständen, unter denen so gut wie jeder andere aufgegeben hätte, und viele der Rückschläge, die sie erfuhr, bestärkten sie nur in ihrer Entschlossenheit. Sie wusste, warum sie auf der Welt war, und sie tat ihr gleichbleibend Bestes, um sich diesem Zweck jeden Tag aufs Neue zu widmen.

Marie war auch eine zutiefst loyale Person. Sie war Angehörige einer Nation ohne eigenes Land, blieb Polen unerschütterlich verbunden und trug mehr als manch anderer zum Stolz ihres Volkes bei. Die Heimat ihres Mannes und ihrer Töchter hatte sie als ihr zweites Vaterland angenommen und sie liebte Frankreich so sehr, dass sie sogar ihren Namen von Maria in Marie umänderte. Trotz der Attacken in der französischen Presse gegen sie, bewies sie im Dienst an Frankreich Großzügigkeit, Einfallsreichtum und Hingabe, im Ersten Weltkrieg und auch danach.

Und obwohl Marie zu den bedeutendsten Personen in der Geschichte der Wissenschaft gehört, war sie aus dem gleichen Holz geschnitzt wie wir. Sie war zu tiefer Liebe fähig, wie sie vor allem in ihrer Beziehung zu Pierre zum Ausdruck kam. Die beiden scheinen ein nahezu perfektes Paar gewesen zu sein, zwar in jeder Hinsicht unterschiedlich, aber einander eben auch bestens ergänzend, und vereint durch ihren Traum von einem Leben, das sie ganz der wissenschaftlichen Forschung widmeten.

Marie litt schwer an den vielen Verlusten, die der Mensch durchleben muss, wenn er sich der Liebe aussetzt. Als Kind wurde sie durch den Tod ihrer Schwester und ihrer Mutter tief verletzt und konnte nicht mehr an einen gütigen Gott glauben. Der Verlust ihrer ersten Liebe stürzte sie in Verzweiflung, ebenso das Ende ihrer Beziehung zu Langevin, vor allem aber der Tod von Pierre. Doch trotz dieser Verluste brachte sie den Willen auf weiterzumachen.

DAS EINZIGARTIGE VERMÄCHTNIS

Marie kämpfte gegen tief verwurzelte Vorurteile an und überwand sie. Obwohl sie arm war, aus Polen kam und eine Frau war, gelang es ihr, sich eine erstklassige Ausbildung zu verschaffen und Zugang zu Forschungseinrichtungen und Mentoren zu erkämpfen. Und sie erreichte zahlreiche Auszeichnungen: die erste Professorin an der Universität von Paris, die erste Frau, die einen Nobelpreis erhielt, die einzige Frau, die zwei Nobelpreise gewann, und der einzige Mensch, dem je ein Nobelpreis in zwei verschiedenen Naturwissenschaften verliehen wurde.

Ève Curie, mit 102 Jahren in New York verstorben, schrieb 1937 die bekannteste Biografie über ihre Mutter: *Madame Curie.*

Polnische Banknote
mit einer Abbildung
von Marie

Sie blickte mit Verachtung auf viele Dinge, von denen wir gelernt haben, dass wir sie schätzen sollen. Marie hatte kein Interesse an Macht im herkömmlichen Sinn und arbeitete sich nur durch die Institutionen, um wissenschaftliche Anliegen zu schützen oder zu fördern. Reichtum war ihr gleichgültig, es sei denn, er nützte eben diesen wissenschaftlichen Zwecken, und Ruhm bedeutete ihr so wenig, dass sie häufig darauf bestand, die Preise und Ehrungen nicht ihr, sondern ihrem Institut zu verleihen. Einstein schrieb später, sie sei die einzige Berühmtheit, die er kennengelernt habe, deren Charakter der Ruhm nicht korrumpiert habe.

Bei ihr zeigte sich eine bemerkenswerte Mischung aus Neugierde und Beharrlichkeit. Sobald sie eine Fragestellung identifiziert hatte, konnte sie unermüdlich arbeiten, um eine Antwort zu finden oder die Fragestellung zumindest gewinnbringender einzugrenzen. Um die Kraft ihrer Entschlossenheit zu würdigen, müssen wir uns nur an die zierliche Marie erinnern, wie sie Tag für Tag und Woche für Woche an der Reduktion, Waschung und Destillation von Tonnen von Pechblende arbeitet, und das alles nur, um winzige Bruchteile eines Gramms Radium daraus zu gewinnen.

Was diese Hingabe so inspirierend macht, ist nicht nur Maries Weigerung aufzugeben, sondern ihr Gefühl von Erfüllung in der Arbeit selbst. Es war nicht die Hingabe von Pierre, die Maries Träume erfüllte, und auch nicht die Hingabe von Marie, die Pierres Träume erfüllte. Sie hatten den gleichen Traum, einen Traum, so faszinierend, dass daneben wenig anderes Platz fand. Über die frühen Tage ihrer gemeinsamen Arbeit schrieb Marie:

Trotz der schwierigen Arbeitsbedingungen waren wir sehr glücklich. Wir verbrachten ganze Tage im

Im Gedenken an Marie Curie überreicht Marjorie Illig von der American Society for the Control of Cancer Jules Henry vom diplomatischen Corps Frankreichs eine Sonderausgabe von *Madame Curie*, während Eleanor Roosevelt (rechts), die Frau des US-Präsidenten, zuschaut

Laboratorium. In unserem notdürftig eingerichteten Schuppen herrschte große Ruhe, manchmal, wenn wir irgendeinen Versuch überwachten, gingen wir auf und ab und sprachen über die gegenwärtige und die künftige Arbeit …Wir hatten nur einen Gedanken: Es war wie im Traum.

In Maries Worten hören wir, durch ihre Augen sehen wir die Schönheit eines Lebens, das sich der Aufdeckung der Geheimnisse der Schöpfung widmet. Jenseits der Verständlichkeit der Naturgesetze, jenseits der Genialität, die nötig ist, um experimentelle Herausforderungen zu meistern, liegt eine Eleganz, die sich nur mit den Begriffen der Ästhetik beschreiben lässt. Die Wissenschaft erklärt nicht einfach nur, wie die Dinge funktionieren, sie öffnet uns die Augen für die großartige Schönheit um uns herum. Sie inspiriert uns, zu suchen, zu forschen und zu staunen.

So sagte Marie 1933 bei einem ihrer letzten öffentlichen Auftritte:

Ich gehöre zu jenen, die glauben, dass die Wissenschaft etwas sehr Schönes ist. Der Wissenschaftler in seinem Laboratorium ist nicht nur ein Techniker. Vor den Geheimnissen der Natur steht er mit der gleichen Andacht wie ein Kind vor einem schönen Märchen. Wir sollten uns nicht einreden lassen, dass der ganze wissenschaftliche Fortschritt auf Mechanismen, Maschinen und verschiedene Zahnräder zurückzuführen ist, die übrigens auch einer eigentümlichen Schönheit nicht entbehren. Ich befürchte nicht, dass die Liebe zum Unbekannten und das Verlangen nach dem großen Abenteuer in der heutigen Zeit von der Vernichtung bedroht sind. Das Lebendigste von allem, was ich um mich herum erblicke, sind eben jenes Verlangen und jene Liebe, die sich nicht ausrotten lassen und aufs Engste mit der wissenschaftlichen Neugier verbunden sind.

Das Periodensystem der Elemente mit dem Element mit der Ordnungszahl 96, Curium, das nach den Curies benannt wurde

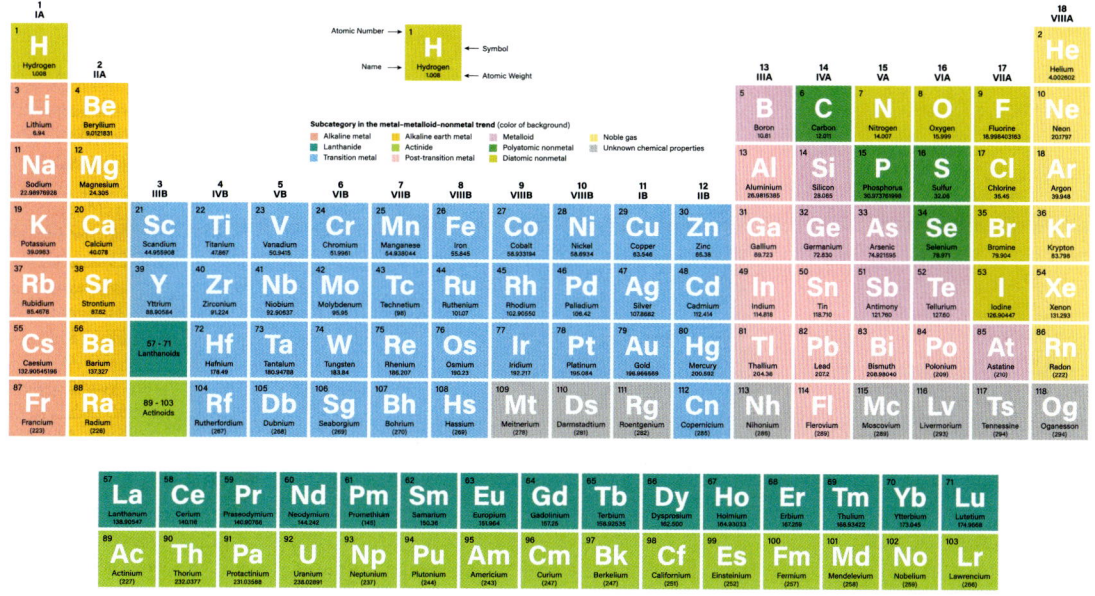

REGISTER

(**Fett** gesetzte Zahlen beziehen sich auf wichtige Informationen, *kursiv* gesetzte auf Fotos, Abbildungen und Überschriften)

BILDNACHWEIS

Der Verlag dankt den folgenden Rechteinhabern für die freundlich erteilte Abdruckgenehmigung der Bilder in diesem Buch.

Legende: o = oben, u = unten, l = links & r = rechts

©AAAS: 138

Academie des Sciences: 93o

Alamy: Chronicle 59, 117; /Ian Dagnall Computing 126o; /GL Archive 4-5; /Granger Historical Picture Archive 63, 72l; /History & Art Collection 75, 81, 92; /The History Collection 81, 127; /Historic Collection 35, 120; /John Frost NewspapersOxford Science Archive/Print Collector 98; /Pictorial Press 78; /The Picture Art Collection 33, 65u, 111; /RGB Ventures/SuperStock 136; /Science History Images 48, 56; /Marcin S. Sadurski 152; /Steve Speller 188; /Bjorn Wylezich 55

Bibliotheque Nationale de France: 80, 83

Bridgeman Images: 110; /Archives Charmet 32; /Photo © Christie's Images 112; /Giancarlo Costa 37; /Look & Learn 121; /Private Collection 86, 94, 96

Getty Images: Bernard Bailly/AFP 123; /Bain News Service/Buyenlarge 135; /Bettmann 66, 143u, 148; /Buyenlarge 87; /Corbis 126; /Couprie/Hulton Archive 101; /Culture Club 17; /E+ 13; /DeAgostini 154o; /Fine Art Images/Heritage Images 137; /Albert Harlingue/Roger Viollet 52, 102; /Horst P. Horst/ Conde Nast 153; /Hulton Archive 29; /Imago 144; /iStock 12; /Keystone-France/Gamma-Rapho 22, 95; /Mondadori 28u, 104; /ND/Roger Viollet Abraham 23; /Oxford Science Archive/Print Collector 84, 147; /Pisarek/Ullstein bild 14-15; /Popperfoto 19, 20, 85, 131; /SSPL 49, 67, 105, 106, 107, 109; /Ullstein Bild 46l, 124; /Universal History Archive 8, 31, 128, 139o, 139u

Heritage Auctions, HA.com: 132

Library of Congress: 10, 91, 113, 114-115, 154u

Mauswiesel via Wikimedia Commons 57

Digitized by the Mutter Museum of The College of Physicians of Philadelphia: 54

Photo de famille_Paul-Gilbert_Langevin: 119

NIST (National Institute of Standards and Technology): 141

Private Collection: 18, 21, 26, 27, 68, 88, 93u, 103, 125

Public Domain: 9, 39, 45, 46r, 47, 65, 65o, 72r, 73, 74, 77, 97, 108, 116, 122, 130, 134, 143o

Science Photo Library: 41; /A.Barrington Brown, © Gonville & Caius College 42; /Humanties & Social Sciences Library/New York Public Library 69

Shutterstock: 7, 38, 40; /Roman Belogorodov 150; /Everett Historical 40; /Granger 11, 16; /Humdan 156; /TTStudio 60-61; /Universal History Archive/UIG 79; /Yoan Valat/EPA-EFE 70

Smithsonian Institution @ Flickr Commons: 90, 142

Societe Francaise de Physique: 145

Topfoto: Roger-Viollet 99

U.S. Department of Energy: 149

Der Verlag hat sich bemüht, sämtliche Rechteinhaber ausfindig zu machen. Sollte es versehentlich zu Fehlern oder Auslassungen gekommen sein, werden diese in nachfolgenden Auflagen korrigiert.

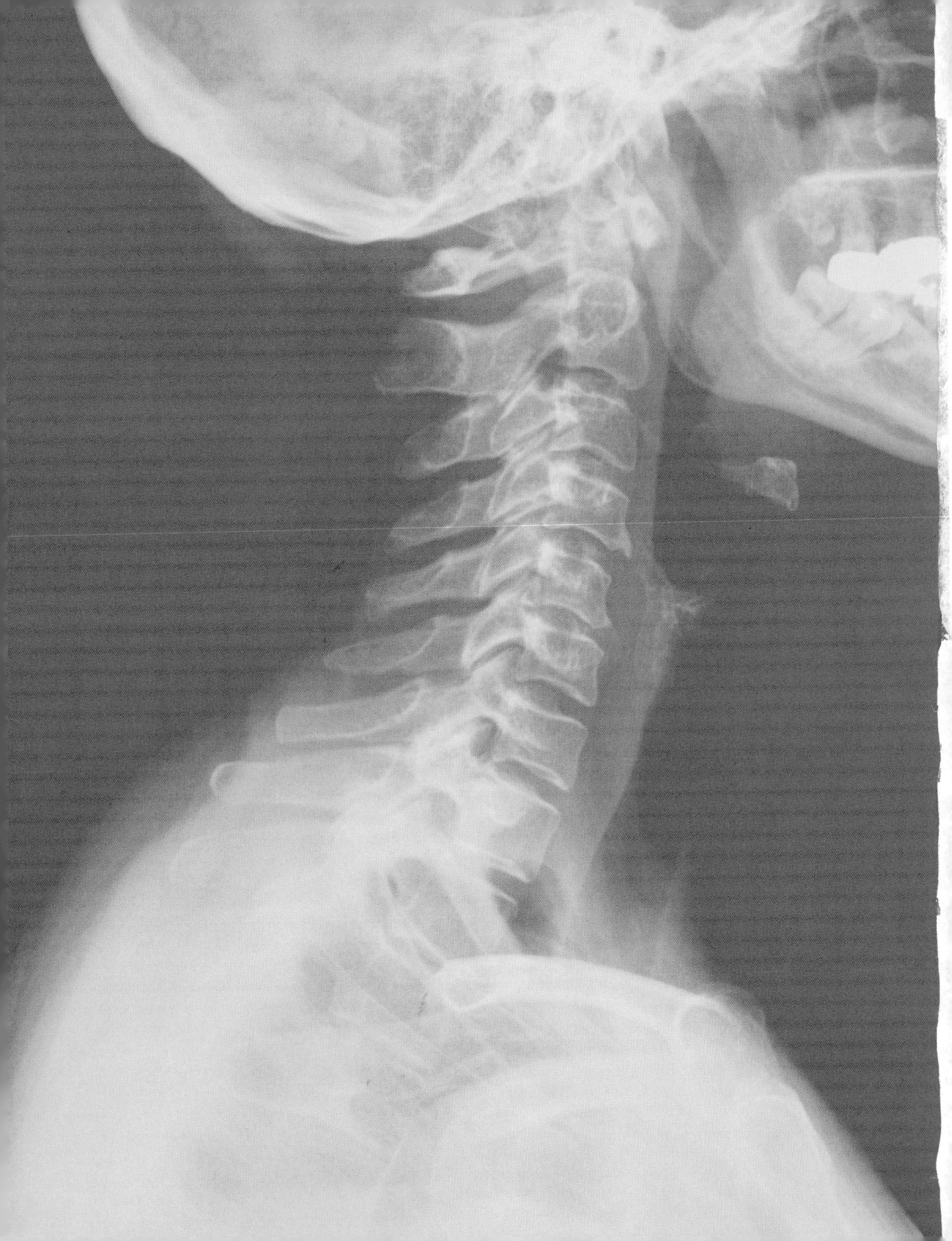